AF586361

EXERCICES DE COMPTABILITÉ

COURS COMPLET
D'ENSEIGNEMENT SECONDAIRE SPÉCIAL

COMPTABILITÉ — 1re, 2me et 3me ANNÉE

EXERCICES DE COMPTABILITÉ

COMPRENANT :

1° Les Premières notions du Commerce et de la Comptabilité ;
2° Le Cours préparatoire à la Tenue des Livres ;
3° La Tenue des Livres, telle qu'on la pratique dans le commerce et dans la banque ;

EXTRAITS D'UN COURS PROFESSÉ

A L'ÉCOLE SUPÉRIEURE DE COMMERCE DU HAVRE,

ET APPROPRIÉS

A L'ENSEIGNEMENT SECONDAIRE SPÉCIAL

PAR

HIPPOLYTE VANNIER

Ancien Négociant, Directeur de l'École supérieure de Commerce du Havre,
ex-Professeur de Commerce à Paris.

OUVRAGES APPROUVÉS PAR LE CONSEIL SUPÉRIEUR DE L'UNIVERSITÉ ET HONORÉS D'UNE SOUSCRIPTION DU MINISTÈRE DE L'INSTRUCTION PUBLIQUE.

PARTIE DE L'ÉLÈVE

PARIS
LIBRAIRIE CH. DELAGRAVE
58, RUE DES ÉCOLES, 58
LOUIS COLAS & Cie, LIBRAIRES-ÉDITEURS, RUE DAUPHINE, 26
1874

INTRODUCTION NÉCESSAIRE

Les exercices sont à la comptabilité ce que les problèmes sont aux mathématiques, d'une efficacité incontestable.

A l'apparition de ce volume on se demandera pourquoi un pareil livre n'avait jamais été produit pour les traités de comptabilité, tandis qu'il s'en publiait jusqu'à la profusion pour les grammaires et les autres ouvrages didactiques.

La raison en est bien simple : la matière faisait défaut.

Les méthodes de tenue des livres surtout étaient incomplètes ; il y manquait les premiers rudiments de la science.

Avant nous, ces méthodes commençaient invariablement par l'explication du journal et du grand livre, sans qu'il eût été mention nulle part des premières notions indispensables.

Une grammaire, qui, négligeant les parties d'oraison et la conjugaison des verbes, débuterait par la syntaxe, ne serait pas plus défectueuse.

En effet, on ne pourra jamais apprendre à passer des écritures sans savoir ce que c'est qu'une facture, un effet de commerce, une valeur active, une valeur passive, un bordereau d'escompte, un compte courant, etc., etc.; sans être à même de comprendre les opérations commerciales.

On aura beau dire que la tenue des livres est facile à apprendre, encore faudra-t-il reconnaître qu'il est indispensable de se rendre compte des questions à résoudre.

Que l'on vous demande, par exemple, de transformer en article de journal la négociation d'un effet de commerce, vous n'y parviendrez pas, si vous ignorez que *négocier un effet de commerce, c'est le livrer pour sa valeur nominale et en recevoir comptant la valeur effective, déduction faite de l'agio.*

Dès lors, c'est l'inintelligence des opérations qui fait la difficulté de la tenue des livres.

Pour peu qu'on ait vécu, on a pu lire ou entendre dire bien des sottises; de ces sottises qui se répètent, qui se propagent, qui se perpétuent et arrivent à fausser l'opinion publique.

Il y a quelque chose comme quarante-cinq ans qu'un vieux professeur de mathématiques en retraite, frappé de la simplicité de ce principe : *celui qui* REÇOIT *doit à celui qui* DONNE, offrait d'enseigner la tenue des livres, en une seule séance, à toute personne qui voudrait faire avec lui le tour du Palais-Royal.

La proposition était séduisante. Dans les premiers temps, on voyait tous les jours, de neuf à onze heures du matin et de trois à cinq heures du soir, une longue file d'ingénus se succéder au bras du professeur émérite et parcourir avec lui les galeries du Palais-Royal, afin d'apprendre à tenir les livres.

Après l'épreuve, il eût été facile de constater que l'élève n'avait rien appris et que le maître avait tout à apprendre.

Si le professeur de mathématiques avait été initié aux affaires, il n'aurait jamais conçu une pareille entreprise. Il aurait compris que pour faire des teneurs de livres il faut au professeur des connaissances pratiques et aux élèves des études sérieuses.

Or, l'objet de ce volume est de suppléer à l'insuffisance des méthodes en fournissant aux élèves, sous la forme d'exercices, la matière de leurs études, dans l'ordre naturel et progressif. L'expérience nous autorise à affirmer que le moyen est infaillible pour former d'excellents teneurs de livres.

Prochainement nous composerons des exercices analogues pour former des comptables.

Par comptable il faut entendre celui qui connaît les changes et les arbitrages; qui sait faire tous les calculs et tous les comptes imaginables dans les monnaies, les poids et les mesures des différents pays, selon les usages de la place; qui peut ouvrir des livres dans toutes les conditions, organiser des écritures, créer des livres auxiliaires, supputer des inventaires, dresser des bilans et faire parler les chiffres.

Puisse la réussite de ce premier essai réaliser nos espérances et nous encourager à poursuivre une œuvre qui nous semble destinée à perfectionner le jugement, à diminuer le nombre des discurs de rien et à détourner les négociants des spéculations aventureuses!

REGISTRES

DISPOSÉS POUR L'ÉTUDE

DES EXERCICES DE COMPTABILITÉ

Sept registres ont été préparés pour servir de Corrigés des Exercices de Comptabilité, savoir :

1	registre pour	la	1re	année,
1	id.	id.	2e	id.
5	id.	id.	3e	id.

Les deux premiers, destinés à la 1re et à la 2e année, ne sont autre chose que des cahiers cartonnés, réglés horizontalement afin qu'on aille droit en écrivant et que les lignes soient régulièrement espacées. Quant aux réglures verticales, il faut s'habituer à les faire. Il est essentiel que les comptables sachent tracer eux-mêmes et inventer au besoin toute sorte de tableaux et de registres, car il n'y a pas de maison qui ne soit dans la nécessité d'adopter quelque réglure spéciale pour ses factures ou ses livres auxiliaires. Les modèles que l'on trouve dans les *Premières Notions du Commerce et de la Comptabilité* et dans le *Cours préparatoire à la Tenue des Livres* sont les plus usités et les plus faciles à reproduire ou à modifier selon les besoins du commerce qui les emploie.

Les cinq registres préparés pour la 3e année ont été réglés

ou lithographiés avec le plus grand soin ; ils comprennent les livres indispensables au teneur de livres :

Main courante,
Livre-Journal,
Grand Livre,
Répertoire,
Balances.

Ces différents registres, qui contiennent tout le papier nécessaire pour le Corrigé des Textes proposés, ont été établis aux prix les plus modérés, dans le but de faciliter et de vulgariser l'étude de la Comptabilité au moyen des Exercices qui forment la matière de ce volume.

TABLE DES MATIÈRES

ENSEIGNEMENT SECONDAIRE SPÉCIAL

COMPTABILITÉ. — 1re ANNÉE.

EXERCICES

SUR LES

PREMIÈRES NOTIONS

DU COMMERCE

ET

DE LA COMPTABILITÉ

EXERCICES

SUR LES

PREMIÈRES NOTIONS

DU COMMERCE

ET

DE LA COMPTABILITÉ

INTERROGATIONS

SUR LES MATIÈRES QUI SUIVENT :

Commerce. — Actes de commerce, Marchandises, Valeur commerçables ou Objets de commerce.

Remarque importante. — Pour être à même de répondre à ces questions et à celles qui vont suivre, il faudra recourir au volume des Premières Notions du Commerce et de la Comptabilité, et s'attacher surtout à savoir parfaitement les définitions, qui ne s'improvisent pas.

(Voyez donc ledit volume, de la page 1 à la page 2 inclusivement).

INTERROGATIONS

SUR LES MATIÈRES QUI SUIVENT :

Commerçants. — Classification des commerçants, Négociants, Notables commerçants, Fabricants et Manufacturiers, Teinturiers, Marchands en gros, Marchands en détail, Commissionnaires en marchandises, Courtiers de marchandises, Commissionnaires de transport, Banquiers, Agents de change, Entrepreneurs, Armateurs, Consignataires, Capitaines de navire et Maîtres au cabotage, Courtiers maritimes.

(Voyez le volume des Premières Notions du Commerce et de la Comptabilité, de la page 3 à la page 7 inclusivement).

INTERROGATIONS

SUR LES MATIÈRES QUI SUIVENT :

Opérations les plus habituelles du commerce. — Achat, Vente, Echange, Payement, Encaissement, Règlement, Escompte des effets de commerce, Négociation des effets de commerce, Ouvertures de crédit, Lettre de crédit, Lettre d'avis de crédit, Virement, Renouvellement, Achats et Ventes pour Compte, Achats et Ventes en Commission, Achats et Ventes en participation.

(Voyez le volume des Premières Notions du Commerce et de la Comptabilité, de la page 8 à la page 14).

EXEMPLE D'UNE OUVERTURE DE CRÉDIT.

Texte.

Aujourd'hui, 28 octobre 18.., Eugène Vrignon, négociant, au Havre, demande à Louis Daumer & Cie, banquiers, au Havre, avec lesquels il est en compte, une lettre de crédit de 3000 piastres fortes sur Madrid, pour Armand Trulat, son voyageur, et cette lettre est délivrée sur José Gomez, banquier, à Madrid.

On demande de faire la lettre de crédit et la lettre d'avis de crédit.

INTERROGATIONS

SUR LES MATIÈRES QUI SUIVENT :

Transport des marchandises. — Emballage, Colis, Poids brut et Poids net, Tare, Douanes, Droits de douane, Primes d'exportation.

(Voyez le volume des Premières Notions du Commerce et de la Comptabilité, de la page 14 à la page 16).

INTERROGATIONS

SUR LES MATIÈRES QUI SUIVENT :

Facture. — Formule pratique de la facture.

(Voyez le volume des Premières Notions du Commerce et de la Comptabilité, de la page 16 à la page 19 inclusivement).

EXEMPLES DE FACTURES.

Texte d'une première facture.

G. Prunier, demeurant à Paris, rue du Chemin-Vert, nº 56, où il tient un dépôt des forges et manufactures de Bains, dépendances et autres, a fourni à Lenoir, négociant, à Paris, dans le courant de mai 18.., les marchandises qui suivent, payables à 90 jours, escompte 6 %, et lui donne sa facture générale du mois de mai.

Mai 10

100 B. F. Fer recuit, 1re qualité, nº 12, à 3,65.

Mai 16

300 B. id. 2e id. id. à 3,45.

Mai 18

100 B. id. 1re id. nº 14, à 3,70.

Mai 24

200 B. F. Fer recuit, 1re qualité, n° 12, à 3,65.

Mai 30

400 B. id. 1re id. id., à 3,65.

Remarque. — En tête et de chaque côté du nom et de l'adresse de G. Prunier, se trouve une sorte de prospectus ainsi conçu :

à gauche	*à droite*
Fers blancs, Fers noirs, Fils de fer Etamés, Aciérés et Fils à carcasse.	Tôles douces de Comté, Décapées et plombées, Aciers en barres et Tôles d'acier.

Texte d'une deuxième facture.

A. Sorlin et S. Bornier, domiciliés à Paris, rue Montmartre, n° 174, qui tiennent une manufacture d'étoffes feutrées, à Dannemarie, délivrent une facture, datée du 26 février 18.., à J. Ravier et S. Guillot, à Paris, pour les marchandises suivantes délivrées à leurs risques, payables dans Paris, à 30 jours, escompte 12 %. La facture est composée de 5 colonnes : *numéros*, *désignation*, *métrage*, *prix*, *sommes*, et de 6 articles, savoir :

1° — N° 14147,	feutre bleu,	mi-fin,	11,15	sur 140,	à 8,25.
2° — N° 13112,	id. noir,	id.	19,80	id.	à 8, ».
3° — N° 13376,	id. id.	id.	20,45	id.	
4° — N° 10094,	id. dessin,	34 D,	10, »	id.	à 8,75.
5° — N° 10108,	id. id.	34 B,	10, »	id.	
6° — N° 9694,	id. noir ordinaire,		20, »	id.	à 6,50.

Remarque. — La facture porte en tête un prospectus ainsi conçu:

MANUFACTURE D'ÉTOFFES FEUTRÉES, A DANNEMARIE

FABRICATION ET VENTE

De TAPIS DE PIED pour appartements, passages et escaliers, thibaudes, tapis de meubles, étoffes pour tentures et ameublements, feutre pour marteaux et étouffoirs de pianos, draps pour vêtements et garnitures de voitures, couvertures de chevaux, draps pour filatures et imprimeries, feutre épais pour les chaudières de locomotives, de bateaux à vapeur et cylindres de machines à vapeur.

ÉTOFFES POUR CHAUSSURES.

INTERROGATIONS

SUR LES MATIÈRES QUI SUIVENT :

Effets de Commerce. — Timbre des effets de commerce, Échéance des effets de commerce, Billet à ordre, Formule pratique du billet à ordre, Observations sur la formule du billet à ordre.

(Voyez le volume des Premières Notions du Commerce et de la Comptabilité, de la page 20 à la page 25).

EXEMPLES DE BILLETS A ORDRE.

Texte.

1° Le 14 octobre 18.., Louis Brun, domicilié au Havre, rue de Paris, n° 32, a reçu, à titre de prêt, de J. Corbier et Cie, à Honfleur, une somme de 1200 fr. en espèces, qu'il doit leur rembourser le 15 décembre prochain. A cet effet, il leur adresse son billet de 1212 fr., intérêts compris, à l'échéance du 15 décembre.

2° Le 15 du même mois, Merki, à Paris, ayant vendu à Barrière frères, domiciliés à Paris, rue d'Antin, n° 7, une partie de marchandises pour le prix de 2424 fr., payables le 30 novembre suivant, ces derniers lui souscrivent un billet du montant de sa facture, à l'échéance convenue.

3° Le 16 du même mois, Borel et Cie, négociants, à Nantes, voulant régler la moitié d'une somme de 12000 fr., qu'ils doivent à Barbet jeune, à Marseille, lui adressent leur billet de 6000 fr., à l'échéance du 15 décembre suivant.

4° Le même jour, Auguste Nardin, demeurant à Dijon, place de l'Hôtel-de-Ville, n° 2, voulant régler définitivement son compte avec Poirier fils, de Besançon, auquel il doit pour solde de compte 3763 fr., 50 c., valeur du 15 décembre suivant, lui souscrit un billet de cette somme.

INTERROGATIONS

SUR LES MATIÈRES QUI SUIVENT :

Lettre de change. — Formule pratique de la lettre de change, Observations sur la formule de la lettre de change.

(Voyez le volume des Premières Notions du Commerce et de la Comptabilité, de la page 25 à la page 30).

EXEMPLES DE LETTRES DE CHANGE.

Texte.

1° Le 15 octobre 18.., Poirier fils, à Besançon, ignorant que Auguste Nardin, à Dijon, place de l'Hôtel-de-Ville, n° 2, dût lui envoyer son billet de 3763 fr., 50 c., pour solde de compte, (tel qu'il est dit dans le texte du billet n° 4 qui précède) fournit sur lui une lettre de change de la même somme, à la même échéance, pour solde de compte, à l'ordre de J. Morel et Cie, ses banquiers, à Besançon, à qui il la remet en compte.

2° Transformer le billet n° 3, qui précède, en lettre de change, en modifiant le texte de la manière suivante :

Le 16 octobre 18.., Barbet jeune, à Marseille, auquel il est dû 12000 fr. par F. Borel et Cie, à Nantes, voulant réduire sa créance à 6000 fr., fournit sur lesdits F. Borel et Cie, une lettre de change de 6000 fr., à l'échéance du 31 décembre, à l'ordre de Bertin et Vermot, banquiers, à Marseille, auxquels il la négocie.

3° Le 18 octobre 18.., Ph. Caron et fils, au Havre, ayant adressé à Jules Gouvier, négociant, à Rouen, rue de Seine, n° 64, un lot de marchandises du prix de 668 fr., 80 c., payables le 15 janvier suivant, fournissent sur lui une traite à leur ordre, qu'ils mettent en portefeuille.

4° Le même jour, Derrier père et fils, à Paris, ayant besoin d'une valeur de 12000 fr. sur Lyon, à 8 jours de vue, déposent les fonds nécessaires chez Leroyer frères, banquiers, à Paris, qui leur délivrent une lettre de change sur J. Boudoux et Cie, banquiers, à Lyon.

INTERROGATIONS

SUR LES MATIÈRES QUI SUIVENT :

Provision de la lettre de change, Acceptation de la lettre de change.

(Voyez le volume des Premières Notions du Commerce et de la Comptabilité, de la page 30 à la page 33).

EXEMPLES DE LETTRES DE CHANGE ACCEPTÉES.

Texte.

1° Le 21 octobre 18.., Louis Quentin et Cie, à Niort, ayant été autorisés par Ch. Lartot et Cie, à Nevers, à fournir sur eux, en compte, une lettre de change de 6000 fr., à 2 jours de vue, la font à l'ordre de Brémont, de leur ville, à qui ils la négocient. Cette lettre de change est acceptée le 24 octobre 18..

2° Le même jour, H. Tourneur et fils, négociants, à Salins, qui sont créanciers, pour solde de compte, de Pierre Ramond, domicilié à Lons-le-Saulnier, rue de Besançon, n° 43, d'une somme de 1245 fr., 50 c., se remboursent au moyen d'une traite à leur ordre, à l'échéance du 31 décembre, qu'ils envoient à l'acceptation et qui est acceptée le 25 octobre 18..

INTERROGATIONS

SUR LES MATIÈRES QUI SUIVENT :

Acceptation par intervention, Endossement des effets de commerce, Formule de l'endossement.

(Voyez le volume des Premières Notions du Commerce et de la Comptabilité, de la page 33 à la page 37).

EXEMPLES D'ENDOSSEMENTS D'EFFETS DE COMMERCE.

Texte.

Supposons les endossements de 2 effets de commerce.

1° Endossements du 4° billet, de la somme de 3763 fr., 50 c.

souscrit par Auguste Nardin, à Dijon, au profit de Poirier fils, de Besançon.

Le 18 octobre 18.., Poirier fils, à Besançon, a négocié le billet à Forgeot, de sa ville.

Le 10 novembre, Forgeot a adressé le billet en compte à Pernet fils, à Châlon-sur-Saône.

Le 16 novembre, Pernet fils, ayant acheté de la marchandise de B. Rossigneux et Cie, de sa ville, leur a remis l'effet en règlement de leur facture.

Le 28 novembre, B. Rossigneux et Cie ont adressé l'effet en compte à Ed. Rabut, à Dôle.

Le 4 décembre, Ed. Rabut a adressé l'effet en compte à Morelet frères, à Dijon.

2° Endossements de la dernière lettre de change acceptée, de 1245 fr., 50 c., tirée par H. Tourneur et fils, à Salins, sur Pierre Ramond, à Lons-le-Saulnier.

Le 30 octobre 18.., H. Tourneur et fils ont remis la traite en compte à Crémon aîné, de leur ville, leur banquier.

Le 6 novembre, Crémon aîné a adressé la traite en compte à Merière et Brunel, à Poligny.

Le 13 novembre, Morière et Brunel ont négocié la traite à Fortin et Cie, de leur ville.

Le 7 décembre, Fortin et Cie ont adressé la traite en compte à Jean Varin, à Sellières.

Le 18 décembre, Jean Varin a adressé la traite en compte à Marière jeune, à Lons-le-Saulnier.

INTERROGATIONS

SUR LES MATIÈRES QUI SUIVENT :

Allonge des effets de commerce, Formule des mentions de l'allonge.

(Voyez le volume des Premières Notions du Commerce et de la Comptabilité, de la page 37 à la page 40).

EXEMPLES D'EFFETS DE COMMERCE PORTANT UNE ALLONGE.

LETTRE DE CHANGE.

Texte.

Le 22 octobre 18.., Mauduit et Leduc, à Caen, qui ont une créance de 5255 fr. sur Vézin fils, à Toulouse, payables le 30 novembre, fournissent sur ce dernier, pour solde de compte, une traite qu'ils remettent en compte à Godefroy jeune, banquier, de leur ville.

Le 25 octobre, Godefroy jeune adresse la traite en compte à Courcel et Remy, à Alençon;

Le 27 octobre, Courcel et Remy négocient la traite à Félix Michalon, de leur ville;

Le 2 novembre, Félix Michalon adresse la traite en compte à Lesage et Hervieux, à Tours;

Le 5 novembre, Lesage et Hervieux adressent la traite en compte à Perrotin, à Châteauroux;

Le 8 novembre, Perrotin négocie la traite à Victor Gosselin de sa ville;

Le 12 novembre, Victor Gosselin adresse la traite en compte à J.-L. Moulinier, à Guéret;

Le 15 novembre, J.-L. Moulinier négocie la traite à Bellanger, banquier, à Guéret;

Le 17 novembre, Bellanger, voulant adresser la traite en compte à Alexandre jeune, à Tulle, s'aperçoit qu'il n'y a plus de place, y ajoute une allonge et l'endosse ensuite;

Le 21 novembre, Alexandre jeune adresse la traite en compte à Ch. Fromentin, à Aurillac;

Le 23 novembre, Ch. Fromentin adresse la traite en compte à Neveu frères, à Albi;

Le 25 novembre, Neveu frères adressent la traite en compte à Pernin et Leroux, à Toulouse.

BILLET A ORDRE.

Texte.

Le 24 octobre 18.., H. Tissot, commerçant, à Dijon, ayant reçu de Rozan neveu et Cie, à Marseille, un envoi de marchandises dont la facture s'élève à 946 fr., 80 c., payables le 25 décembre suivant, leur envoie son billet du montant de leur facture, à l'échéance du 25 décembre.

Le 3 novembre, Rozan neveu et Cie ayant acheté de la marchandise de Liotaud fils, à Marseille, lui remettent en règlement le billet de H. Tissot ;

Le 6 novembre, Liotaud fils négocie le billet à Félix Abram et Cie, à Marseille, ses banquiers ;

Le 17 novembre, Félix Abram et Cie adressent le billet en compte à Pezet frères, à Valence ;

Le 26 novembre, Pezet frères adressent le billet en compte à V. et A. Rigourdat, à Grenoble ;

Le 30 novembre, V. et A. Rigourdat négocient le billet à la Société Générale, agence de Grenoble ;

Le 3 décembre, la Société Générale, agence de Grenoble, adresse le billet en compte au Crédit Lyonnais ; l'endossement est signé par Doriac, le directeur ;

Le 6 décembre, le Crédit Lyonnais représenté par P. Michal, son fondé de procuration, adresse le billet en compte à J. Bouilloud et Cie, banquiers, à Mâcon.

Le 9 décembre, J. Bouilloud et Cie, voulant négocier le billet au Comptoir Mâconnais, à Mâcon, reconnaissent qu'il n'y a pas de place pour leur endossement, y ajoutent une allonge et l'endossent ensuite ;

Le 11 décembre, le Comptoir Mâconnais adresse le billet en compte à Daubigney, banquier à Dôle ; l'endossement est signé par Léon Cottet, le Directeur du Comptoir Mâconnais.

Le 14 décembre, Daubigney adresse le billet en compte à Mairet et Viard, à Dijon.

INTERROGATIONS

SUR LES MATIÈRES QUI SUIVENT :

Solidarité des effets de commerce, Aval des effets de commerce, Formule d'un aval d'effet de commerce, Payement des effets de commerce, Payement par intervention, Besoin.

(Voyez le volume des Premières Notions du Commerce et de la Comptabilité, de la page 40 à la page 43).

EXEMPLE D'UNE LETTRE DE CHANGE ACCOMPAGNÉE D'UN AVAL PAR ACTE SÉPARÉ, SOUS SEING PRIVÉ.

Texte.

Le 27 octobre 18.., Giraud fils, négociant, à Lille, fournit, pour solde de compte, une lettre de change de 5000 fr., à l'échéance du 31 janvier, sur F. Cotard, à St-Etienne, à l'ordre de Chapuis et Dormont, à Lille, à qui il veut la négocier.

Ces derniers, qui ne connaissent pas parfaitement le tireur et le tiré, exigent du premier un aval sous seing privé, fourni par quelqu'un dont la solvabilité soit notoire.

En conséquence, Giraud fils s'adresse à Jacques Pidoux, négociant, à Lille, rue de Cambrai, nº 42, qui donne l'aval demandé.

Endossements à ajouter.

Le 10 novembre 18.., Chapuis et Dormont adressent la lettre de change en compte à Leroyer frères, à Paris.

Le 8 décembre, Leroyer frères adressent l'effet en compte à Cochard jeune, à Nevers, après y avoir ajouté un besoin chez MM. Laurent et Vergon.

Le 18 décembre, Cochard jeune adresse la traite en compte à Louis Pernin et Cie, à Lyon.

Le 11 janvier 18.., Louis Pernin et Cie adressent l'effet en compte à Aug. Jusaud, à St-Etienne, qui, à l'échéance, acquitte la lettre de change.

INTERROGATIONS

SUR LES MATIÈRES QUI SUIVENT :

Mention *Sans frais*, Acquit des effets de commerce.

(Voyez le volume des Premières Notions du Commerce et de la Comptabilité, de la page 43 à la page 44).

EXEMPLE D'UNE LETTRE DE CHANGE PORTANT LA MENTION *Sans frais*, mise au-dessous de sa signature par le tireur et répétée par les endosseurs, accompagnée d'un *Besoin* ajouté par l'un des endosseurs.

Texte.

Le 28 octobre 18.., Adolphe Briard, négociant, à Rouen, ayant adressé de la marchandise à Brioude jeune, à Niort, pour une somme de 1217 fr., payables le 15 janvier suivant, fournit une lettre de change, à son ordre, sur ledit Brioude jeune et y ajoute la mention *sans frais*.

Le 5 novembre, Adolphe Briard adresse la lettre de change en compte à Edmond Lamotte, à Evreux.

Le 12 novembre, Edmond Lamotte adresse la traite en compte à Jules Portal et Cie, à Chartres.

Le 12 décembre, Jules Portal et Cie adressent la traite en compte à Cordier neveu, à Orléans.

Le 21 décembre, Cordier neveu cède la traite, contre espèces, à Vautrain fils, de sa ville, et ajoute un besoin chez Lombart et Cie.

Le 27 décembre, Vautrain adresse la traite en compte à Pierre Baudoin, à Niort, qui la garde jusqu'à l'échéance, l'acquitte et l'encaisse.

INTERROGATIONS

SUR LES MATIÈRES QUI SUIVENT

Droits et Devoirs du porteur, Lettres de change par 1re, 2me, 3me, 4me, etc.

(Voyez le volume des Premières Notions du Commerce et de la Comptabilité, de la page 44 à la page 48).

EXEMPLE D'UNE LETTRE DE CHANGE PAR 1re ET 2me.

Texte.

Le 28 octobre 18.., Dorival et Dumas, à Montauban, fournissent, pour solde de compte, sur Fresquier frères, à Orléans, une lettre de change de 4428 fr., au 15 décembre suivant, et, comme ils veulent la négocier à Veuve Jacquet, de leur ville, cette dernière exige que la lettre de change soit fournie par première et seconde, afin de faire circuler la première en même temps que la seconde sera adressée par elle à Billon aîné, à Orléans, chargé de la faire accepter et de la tenir à la disposition du porteur de la première.

Le 31 octobre, Veuve Jacquet adresse la traite en compte à Gonin et Mitaine, à Figeac.

Le 6 novembre, Gonin et Mitaine remettent la lettre de change en compte à Laurent Chabaud, de leur ville.

Le 16 novembre, Laurent Chabaud adresse la traite en compte à Hermitte fils, à Châteauroux.

Le 26 novembre, Hermitte fils adresse la traite en compte à Quériaux, à Orléans, qui, à la réception de cette valeur, retire la seconde des mains de Billon aîné, à Orléans, et ce dernier efface la mention que portait la première pour y substituer la mention de la remise de la seconde.

A l'échéance, Quériaux met son acquit sur la seconde, y joint la première, présente les deux lettres à Fresquier frères, qui lui payent la somme de 4428 fr.

INTERROGATIONS

SUR LA MATIÈRE QUI SUIT :

Copies ou Duplicata des effets de commerce.

(Voyez le volume des Premières Notions du Commerce et de la Comptabilité, de la page 48 à la page 52).

EXEMPLE D'UNE LETTRE DE CHANGE PAR DUPLICATA.

Texte.

Le 30 octobre 18.., Renoult et Goupil, à Angoulême, ont fourni, à valoir sur une plus forte somme, une lettre de change de 1800 fr., à 8 jours de vue, sur J.-L. Helcart, à Grenoble, à l'ordre de E. Levergeois, à Clermont-Ferrand, à qui ils l'ont adressée en compte le même jour.

Le 2 novembre, E. Levergeois adresse la traite en compte à Ferd. Chagot, à Montbrison.

Le 3 novembre, Ferd. Chagot, voulant faire circuler la lettre de change sans différer de la faire accepter, adresse l'original à François Dulac, à Grenoble, afin qu'il le fasse accepter et le tienne à la disposition du porteur de la copie.

Le 5 novembre, François Dulac fait accepter la traite par le tiré J.-L. Helcart, et le même jour, Ferd. Chagot remet la copie en compte à Ch. Caseaux et Cie, de sa ville.

Le 7 novembre, Ch. Caseaux et Cie adressent la copie en compte à P. Esnault, à Grenoble.

A la réception de la copie, P. Esnault se rend chez François Dulac, qui lui rend l'original et change la mention de la copie.

Le 13 novembre, P. Esnault acquitte l'original et le remet ainsi que la copie à J.-L. Helcart, qui lui paye le montant de la lettre de change.

INTERROGATIONS

SUR LA MATIÈRE QUI SUIT :

Lettres de change tirées pour compte.

(Voyez le volume des Premières Notions du Commerce et de la Comptabilité, de la page 52 à la page 53).

EXEMPLE D'UNE LETTRE DE CHANGE TIRÉE POUR COMPTE.

Texte.

Le 3 novembre 18.., H. Malbranche, négociant, à Tournus, voulant se rembourser d'une somme de 615 fr., qui lui est due par Ant. Roger, négociant, à Moulins, charge Jean Alibert, son banquier, à Mâcon, de fournir une traite, à vue, sur son débiteur. Jean Alibert fournit la traite en compte, à l'ordre de Mérat aîné, de Moulins, qui l'acquitte le surlendemain et l'encaisse.

INTERROGATIONS

SUR LA MATIÈRE QUI SUIT :

Lettres de change payables au Domicile d'un tiers.

(Voyez le volume des Premières Notions du Commerce et de la Comptabilité, de la page 53 à la page 54).

EXEMPLE D'UNE LETTRE DE CHANGE PAYABLE AU DOMICILE D'UN TIERS.

Texte.

Le 31 octobre 18.., Krammer jeune, domicilié à Mirville, canton de Lillebonne, arrondissement du Havre, étant débiteur de 543 fr. envers Ed. Langlois fils, à Caen, l'autorise à fournir sur lui une traite de cette somme payable le 30 novembre suivant, au domicile de Grimaldy et Vimont, négociants, au Havre. En conséquence, Ed. Langlois fournit la traite à l'ordre de Armand Toussaint, son banquier, à Caen, à qui il la remet en compte.

INTERROGATIONS

SUR LA MATIÈRE QUI SUIT :

Billet payable au domicile d'un tiers.

(Voyez le volume des Premières Notions du Commerce et de la Comptabilité, de la page 54 à la page 55).

EXEMPLE D'UN BILLET PAYABLE AU DOMICILE D'UN TIERS.

Texte.

Le 31 octobre 18.., Adrien Bader, voyageur de commerce pour une maison de Paris, de passage au Havre, voulant régler définitivement son compte avec Fernand Pottier, au Havre, à qui il doit, pour solde de compte, une somme de 333 fr., 35 c., lui souscrit un billet au 15 décembre suivant, chez Duflot et Maillard, négociants en vins, à Paris-Bercy.

INTERROGATIONS

SUR LA MATIÈRE QUI SUIT :

Mandat.

(Voyez le volume des Premières Notions du Commerce et de la Comptabilité, de la page 55 à la page 56).

EXEMPLE D'UN MANDAT.

Texte.

Le 1er novembre 18.., Floquet frères, négociants, à Besançon, sur l'avis de Veuve Pierson, propriétaire à Poligny, qui leur doit 300 fr., à titre de prêt, de fournir sur elle une lettre de change de cette somme, au 30 novembre courant, craignant qu'elle ne paye pas à l'échéance, font un simple mandat, à l'ordre de Louis Thiébaut, de Besançon, leur banquier, et accompagnent ce mandat de la mention *sans frais et motifs du refus*.

INTERROGATIONS

SUR LES MATIÈRES QUI SUIVENT :

Protêt, Rechange, Retraite, Billet au porteur, Billet de Banque.

(Voyez le volume des Premières Notions du Commerce et de la Comptabilité, de la page 56 à la page 58).

EXEMPLE D'UN BILLET AU PORTEUR.

Texte.

Le 1er novembre 18.., Vatinel aîné, domicilié à Castres, Grande-Rue, n° 33, emprunte 600 fr. à Léopold Dubois, de sa ville, et lui souscrit un billet au porteur, à 8 jours de date.

INTERROGATIONS

SUR LES MATIÈRES QUI SUIVENT :

Livres à souche, Coupons de facture.

(Voyez le volume des Premières Notions du Commerce et de la Comptabilité, de la page 58 à la page 60).

EXEMPLE D'UN LIVRE A SOUCHE DE COMMERÇANT POUR COUPONS DE FACTURE.

Texte.

Bernoux jeune, tenant une boutique de parfumeur, à Paris, rue de la Roquette, n° 23, prend ses fournitures chez Gellé frères, fabricants de parfumeries, à Paris, leur donne à chaque livraison un reçu extrait d'un livre à souche, et reçoit tous les mois une facture générale.

Supposons que, le 5 novembre 18.., il ait reçu sous le nº 9616, la livraison ci-dessous :

50 douzaines de flacons huile antique, par boîtes de 6.
12 id. cosmétique noir.
25 id. savons au lait de coco.
10 id. boîtes de poudre de riz à la violette.

Comme les prix font l'objet d'un marché passé entre les deux maisons, il n'en est pas question dans le livre à souche.

INTERROGATIONS

SUR LA MATIÈRE QUI SUIT :

Bon de caisse.

(Voyez le volume des Premières Notions du Commerce et de la Comptabilité, de la page 60 à la page 62).

EXEMPLE D'UN BON DE CAISSE.

Texte.

L'Ecole supérieure de Commerce du Havre, qui possède un carnet de bons de caisse du Comptoir du Commerce du Havre, sous la raison sociale Solmet et Cie, ayant à payer un trimestre de loyer échu le 30 septembre, délivre au propriétaire, le 5 octobre 18.., un bon de 1500 fr. sur la caisse dudit Comptoir du Commerce. Ce bon de caisse porte le nº 287 de la série C.

INTERROGATIONS

SUR LA MATIÈRE QUI SUIT :

Mandat de banque.

(Voyez le volume des Premières Notions du Commerce et de la Comptabilité, de la page 62 à la page 63).

EXEMPLE D'UN MANDAT DE BANQUE.

Texte.

Le 6 novembre 18.., Messager fils, à Rouen, qui possède un carnet de mandats de banque de la Banque Rouennaise, sous la raison de Commerce Lecomte et Cie, remplit le coupon n° 2004, de la série K, au profit de Jules Auber, pour une somme de 2400 fr., payables à la fin du mois sur la caisse de ladite Banque Rouennaise.

INTERROGATIONS

SUR LA MATIÈRE QUI SUIT :

Chèque.

(Voyez le volume des Premières Notions du Commerce et de la Comptabilité, de la page 63 à la page 64).

EXEMPLE D'UN CHÈQUE.

Texte.

La maison Ph. Hurel et Cie, à Bordeaux, qui a déposé des fonds au Crédit Bordelais, et qui possède un chéquier de cet établissement financier, délivre à Nicolas Richardson, de sa ville, un chèque de 3632 fr., à son ordre, portant le n° 412 de la série E, sous la date du 9 novembre 18..

INTERROGATIONS

SUR LA MATIÈRE QUI SUIT :

Warrant.

(Voyez le volume des Premières Notions du Commerce et de la Comptabilité, de la page 65 à la page 66 inclusivement).

EXEMPLE DE RÉCÉPISSÉ DE WARRANT ET DE WARRANT A ORDRE.

Texte.

Fernand Delion, négociant, au Havre, qui a déposé aux Magasins Généraux de la Compagnie Havraise 125 balles de coton Louisiane pesant ensemble brut k^os 23975,50, a adressé à ladite Compagnie, le 23 novembre 18.., une demande de Récépissé indiquant que le coton a été apporté au Havre par le navire *Alcyon*. Cette demande est accompagnée d'une facture estimative signée par deux courtiers du Havre, qui en portent la valeur à 40000 francs.

La demande d'un Récépissé comprend celle d'un Warrant à ordre, et Fernand Delion déclare que le Warrant sera négocié au Havre, le 24 novembre 18.., à Rozier frères, au Havre, qui le passeront à la succursale de la Banque de France du Havre, pour la somme de 24000 francs, payables à 3 mois.

En conséquence, la Compagnie Havraise délivre audit Fernand Delion, sous la date du 24 novembre 18.., un Warrant accompagné d'un Récépissé constatant que la marchandise est déposée dans les Magasins Généraux, cour E, magasin A ; que le Récépissé et le Warrant sont inscrits au registre B, folio 44, et portent le numéro d'ordre 120 et le numéro d'entrée 66 ; que les balles sont marquées D L et numérotées de 1 à 125 ; que les marchandises sont gardées sous le régime libre et sont assurées contre le feu pour une somme de 40000 francs par les polices flottantes de la Compagnie Havraise.

Le Préposé aux Transcriptions se nomme LANGLET, le Contrôleur DUBART, le Préposé à l'Inscription des Dépôts MERCIER, et le Directeur SALLERON.

On demande de faire un Récépissé et un Warrant d'après les éléments qui précèdent et selon les formules qui suivent.

Formule de Récépissé de Warrant.

MAGASINS GÉNÉRAUX
Autorisés par l'État (Loi du 28 Mai 1858)

COUR MAGASIN

N° DU PRÉSENT

Reg. F°

COMPAGNIE HAVRAISE
De Magasins Publics et de Magasins Généraux

HAVRE, LE 18..

N° D'ENTRÉE

RÉCÉPISSÉ *des Marchandises ci-après, déposées au Nom et*
Profession Domicile
à l'Ordre de M.

(par)

Nombre, Espèces, Marques	Nature et Poids des Marchandises

Lesdites Marchandises proviennent d
Elles sont gardées sous le régime
Elles assurées contre le feu par les polices flottantes que la Compagnie Havraise *tient ouvertes en son nom pour le compte de qui de droit, jusqu'à concurrence d'une somme de*
Elles sont passibles des droits de Magasinage à partir du
Elles sont passibles des autres frais conservatoires, et, en outre, du payement du Warrant dépendant du présent, s'il est négocié avec inscription du 1er Endossement sur les Registres du Magasin Général.

Le Preposé à l'Inscription des Dépôts, Le Directeur,

Le Warrant dépendant du présent Récépissé a été négocié pour
la somme de
payable le *au domicile*
de

Certifié conforme au 1er Endossement transcrit sur les Registres du Magasin Général.

Havre, le 18..

Le Préposé aux Transcriptions, Le Contrôleur,

Formule de Warrant à Ordre.

MAGASINS GÉNÉRAUX
Autorisés par l'État (Loi du 28 Mai 1858)

Reg.	F°

COMPAGNIE HAVRAISE
de Magasins Publics et de Magasins Généraux

COUR
MAGASIN

HAVRE, LE 18. .

BON pour F.
Payables le 18. .

N° DU PRÉSENT

WARRANT A ORDRE

N° D'ENTRÉE

engageant pour la somme déterminée par le premier Endossement d'autre part et avec la garantie des Cédants, les Marchandises ci-après qui ont été déposées contre Récépissé N° Profession Domicile

au Nom et à l'Ordre de M.

Nombre, Espèces, Marques	Nature et Poids des Marchandises

Lesdites Marchandises proviennent d
Elles sont gardées sous le régime
Elles assurées contre le feu par des polices flottantes que la **Compagnie Havraise** *tient ouvertes en son nom pour le compte de qui de droit, jusqu'à concurrence d'une Somme de*
Elles sont passibles des droits de Magasinage à partir du
Elles sont passibles des autres frais conservatoires, et, en outre, du payement du présent ***Warrant,*** *s'il est négocié avec inscription du premier Endossement sur les Registres du Magasin Général.*

Le Préposé à l'Inscription des Dépôts, Le Directeur,

INTERROGATIONS

SUR LA MATIÈRE QUI SUIT :

Notes de commission.

(Voyez le volume des Premières Notions du Commerce et de la Comptabilité, de la page 67 à la page 68).

EXEMPLE D'UNE NOTE DE COMMISSION.

Texte.

Le 8 novembre 18.., Combe et Varin, commissionnaires en marchandises, à Paris, rue d'Antin, n° 17, ont commandé à Bourdon aîné, fabricant de chocolat, à Passy, ce qui suit :

25 k^{os}, 2e qualité ; 50 k^{os}, 1re qualité ; 20 k^{os}, superfin.

La commande est inscrite au folio 218 du livre de commissions, sous le n° 5529.

On paye le mardi de 3 à 6 heures. Rapporter la présente en livrant.

INTERROGATIONS

SUR LA MATIÈRE QUI SUIT :

Comptes d'Achat et de Vente.

(Voyez le volume des Premières Notions du Commerce et de la Comptabilité, de la page 68 à la page 70 inclusivement).

EXEMPLES DE COMPTES D'ACHAT ET DE VENTE.

Texte d'un compte d'achat.

Le 8 novembre 18.., Lenoir et Bachy, commissionnaires, à Marseille, achètent pour le compte de Colard neveu, à Paris, valeur du 30 du même mois, de Huart et Poiret, à Marseille, à 10 % de bénéfice et 2 % de commission, 1000 hectolitres de blé, venant d'Odessa, dont le compte est établi comme suit d'autre part :

1000 hectol. achetés sur le marché d'Odessa, à 10 fr. l'hectol.

Mise à bord, grenier du navire, à 0 fr., 35 c. par hectol.

Commission d'achat, frais de négociation, à 0 fr., 30 c. par hectol.

Fret pour Marseille, à 2 fr., 50 c. par hectol.

Assurance maritime, à 0 fr., 45 c. id.

Intérêts d'argent, à 2 fr., 50 c. % sur 10000 fr.

Déchets de route, avaries ordinaires, à 0 fr., 75 c. par hectol.

Droits d'entrée, à 0 fr., 60 c. par hectol.

Déchargement et frais de livraison, à Marseille, à 0 fr., 40 c. par hectol.

Bénéfice de 10 % et commission, 2 % sur le prix redevient.

Total général, valeur du 30 novembre 18..

Texte d'un compte de vente.

Le 8 novembre 18.., Pelon et ses fils, commissionnaires, au Havre, vendent pour compte de Ernest Blot, de Bordeaux, à Hugon et Cabanis, au Havre, contre espèces, 100 balles de coton, pesant brut 19718 k^os^, dont il a été déduit : 1° une tare de 6 %, 2° 300 k^os^ pour don et surdon et 300 k^os^ pour cordes et déchets, au prix de 95 fr. les 50 k^os^; escompte, 2 1/4 % et commission, 2 %.

INTERROGATIONS

SUR LES MATIÈRES QUI SUIVENT :

Lettre de voiture, Bulletin de chargement.

(Voyez le volume des Premières Notions du Commerce et de la Comptabilité, de la page 71 à la page 76).

EXEMPLE D'UNE LETTRE DE VOITURE DE COMMISSIONNAIRE.

Texte.

Le 6 mars 18.., J.-B. Deschamps, rue de Berry, n° 9, au Havre, directeur d'une entreprise générale de transports par terre, eau et chemins de fer, avec fourgons accélérés partant tous les jours pour Paris, a expédié dans le délai de 45 jours, à P. Gessler, à Bâle, 19 balles café pesant ensemble brut 1130 1/2 k^{os}, numérotées de 1 à 19, marquées M L, à raison de 8 fr., 85 c. par cent kilogrammes, assurance nautique comprise et a compté 60 centimes pour le timbre, plus 2 fr., 20 c. pour les frais de la lettre de voiture.

L'entête de la lettre de voiture porte ce qui suit :

ROULAGE ORDINAIRE ET ACCÉLÉRÉ pour **Toutes Destinations** ——— *Correspondances directes* avec **L'Alsace, la Franche-Comté, et la Suisse.**	**J.-B. DESCHAMPS** 9, RUE DE BERRY AU HAVRE ——— ENTREPRISE GÉNÉRALE DE TRANSPORTS Par Terre, Eau et Chemins de Fer.	BATEAUX A VAPEUR ET CHALANDS **Pour Rouen et Paris** AVEC CORRESPONDANCE sur *Tous les Canaux* ——— **Services spéciaux par Eau pour la Marne et pour Lyon.**

Fourgons accélérés partant tous les jours pour Paris.

On demande de faire la lettre de voiture selon la formule du volume des Premières Notions du Commerce et de la Comptabilité, page 74.

EXEMPLE D'UN BULLETIN DE CHARGEMENT.

Texte.

Le 24 mars 18.., P. Greffault et Cie, agents spéciaux du Chemin de Fer de Paris à Strasbourg, n° 8, Place Louis-Philippe, au Havre, ont délivré à Wagner et Bure, au Havre, un bulletin de chargement de 10 caisses de cire d'abeilles, marquées J. K., numérotées de 1 à 10, pesant brut 1102 kilogr., pour être rendues en 26 jours, à l'adresse de J. Kittler, à Belfort, au prix de 9 fr., 75 c. par 100 kilogr., sous suite de 1 fr., 10 c. pour timbre et débours.

L'entête du bulletin de chargement porte ce qui suit d'autre part :

On demande de faire un bulletin de chargement selon la formule du volume des Premières Notions du Commerce et de la Comptabilité, page 76.

INTERROGATIONS

SUR LES MATIÈRES QUI SUIVENT :

Connaissement, Formule du connaissement, Prix courants des commissionnaires de transport, Tarifs des changes, Analyse des expressions.

Rétributions et Réductions. — Commission, Ducroire, Courtage, Escompte du Commerce, Rabais, Bonification, Réfaction, Intérêt, Change de place, Escompte de la Banque.

Calcul des Rétributions et des Réductions. — Calcul de l'intérêt par an, Calcul de l'intérêt commercial par jours, Méthode des Nombres, Méthode des Parties aliquotes, Moyens abréviatifs.

(Voyez le volume des Premières Notions du Commerce et de la Comptabilité, de la page 76 à la page 97).

EXERCICES SUR LE CALCUL DES RÉTRIBUTIONS ET DES RÉDUCTIONS.

Problèmes.

1° Quelle est la commission à 1 1/2 % sur une vente au comptant de 327 fr., 90 c.?

2° Quelle est la commission à 2 % et le ducroire à 1 %, ensemble 3 %, qu'il faudra retrancher du montant d'une vente à crédit, dont la facture s'élève à 21933 fr., 15 c.?

3° Quel serait le courtage de 1/4 % qu'il faudrait ajouter à un achat de 32172 fr., 50 c.?

4° Quel est l'escompte à 2 1/4 % sur une facture de 2428 fr., 40 c.?

5° Quel est le rabais de 3/4 % sur une facture de 787 fr., 75 c.?

6° Quelle est la bonification de 7/16 % sur 6400 fr.?

7° Quelle est la réfaction calculée à 5/8 % sur un compte de vente qui s'élève à 26614 fr., 35 c.?

8° Quel est le change de place à 15 c. % d'un effet de 1369 fr., 45 c.?

9° Quel est l'intérêt commercial calculé au moyen des nombres ou des diviseurs fixes, des sommes qui suivent, savoir :

à 6 %,

1500 fr. pendant 113 jours.
18000 fr. id. 29 id.

à 5 %,

360 fr. pendant 83 jours.
2400 fr. id. 17 id.

à 4 1/2 %,

200 fr. pendant 126 jours.
32000 fr. id. 13 id.

à 4 %,

180 fr. pendant 134 jours.
4500 fr. id. 41 id.

à 3 %,

600 fr. pendant 133 jours.
4000 fr. id. 55 id.

10° Quel est l'intérêt commercial des mêmes sommes, par la méthode des parties aliquotes, d'après les moyens ordinaires et d'après les moyens abréviatifs.

11° Quel est l'intérêt commercial, calculé au moyen des parties aliquotes, des sommes qui suivent :

à 5 1/2 %,

615 fr. pendant 76 jours.

à 5 1/4 %,

1777 fr. pendant 54 jours.

à 4 1/4 %,
1122 fr. pendant 38 jours.
à 3 1/2 %,
7216 fr. pendant 109 jours.

EXEMPLES D'ESCOMPTE DES EFFETS DE COMMERCE.

Problèmes.

1° Quel est l'escompte ou l'agio d'un effet de commerce de 3882 fr., 90 c., au 31 janvier, calculé le 13 novembre 18.., au taux de 4 1/2 %, avec une commission de banque de 1/2 % et un change de place de 3/8 %?

2° Quelle est la valeur effective, calculée le 7 décembre, d'un effet de commerce de 919 fr., 65 c., au 28 février, au taux de 4 3/4 %, commission de banque 1/4 % et change de place 1 1/4 %.

3° On demande de faire la valeur effective des effets ci-dessous :

1° 15 novembre 18.., 1583 fr., 85 c., Besançon, 15 février. Intérêts à 5 1/2 %, commission 3/8 %, change de place 9/20 %.

2° 16 novembre 18.., 116 fr., 45 c., Reims, 31 janvier.
2964 fr., 20 c., Orléans, 20 février.
Intérêts 3 3/4 %, commission 1/2 % change de place 5/8 % sur 116 fr., 45 c. et 4/10 % sur 2964 fr., 20 c.

3° 24 novembre 18.., 2000 fr., Rouen, 15 janvier.
3000 fr., Dijon, 15 février.
Intérêts 5 3/4 %, commission de banque 3/10 %, change de place sur Rouen 1/12 % et sur Dijon 3/8 %.

4° On demande la valeur effective des 3 effets qui suivent, escomptés le 17 novembre 18.. :

2400 fr., » c., Bourges, 31 janvier.
1728 fr., 90 c., Mâcon, 10 février.
615 fr., 50 c., Rambouillet, 28 id.

L'intérêt commercial est de 5 1/4 %, la commission de banque de 1/2 %, le change de place sur Bourges de 7/10 %, sur Mâcon de 1/2 % et sur Rambouillet de 7/20 %.

5° Le 18 novembre 18. ., je prends à l'escompte les 5 effets ci-dessous :

1782 fr.,	85 c.,	Cambrai,	15 décembre.
1000 fr.,	» c.,	Orthez,	31 id.
665 fr.,	25 c.,	Bergerac,	15 janvier.
86 fr.,	60 c.,	Versailles,	31 id.
48 fr.,	10 c.,	Nantua,	15 février.

Les intérêts sont calculés à 5 3/4 % avec une commission de banque de 1/2 %; les changes de place sont de : 3/10 % sur Cambrai, 3/8 % sur Orthez, 9/20 % sur Bergerac, 3/10 % sur Versailles et 1 1/4 % sur Nantua. Le minimum des changes de place est de 100 fr. pour les effets au-dessus de 50 fr.; jusqu'à 50 fr. inclusivement, le change de place est pris sur l'effet tel qu'il est, et on y ajoute une commission de 50 cent.

6° Négocié les effets ci-dessous, le 13 mars 18. . :

723 fr.,	70 c.,	Dax,	20 avril,	change de place	1/4 %.	
77 fr.,	80 c.,	Mauléon,	30 id.,	id.	1/2 %	Minimum 100 fr.
32 fr.,	25 c.,	Biarritz,	15 mai,	id.	1/4 %	+ 50 c.
1200 fr.,	» c.,	Bruxelles,	31 id.,	id.	3/10 %	+ timbre.
106 fr.,	60 c.,	Cluny,	31 id.,	id.	20 c. %.	

Les intérêts sont à 4 % avec une commission de 1/2 %.

INTERROGATIONS

SUR LES TERMES DE COMMERCE, DE BANQUE ET DE BOURSE QUI SUIVENT :

(Voyez le volume des Premières Notions du Commerce et de la Comptabilité, de la page 97 à la page 112 inclusivement).

A découvert, Couverture.

Acquittement, Acquitter, Acquit.

Actif, Passif, Actif brut, Actif net, Dettes actives, Dettes passives.

Affrétement ou Nolissement, Frétement, Fréteur, Affréteur, Fret.

Agio, Perte, Bénéfice, Pair, Agiotage.

Appels de fonds.

Appoint.

Apurement de comptes.

Arbitrage, Arbitrages de la banque.

Argent, Papier.

Arrhes.

Avoir, Crédit, Créditeur, Créditer, Doit, Débit, Débiteur, Débiter.

Balance, Solde, Balancer un compte, Solder un compte, Solde de marchandises, Marchandises en solde.

Broches, Remises, Papier, Valeurs.

Changes.

Chapeau du capitaine.

Chemise de pièces.

Conversions.

Cote, Coter, Cote de la Bourse.

Coupons d'action, Coupons d'intérêts.

Déchéance.

Dispositions, Traites, Tirages, Acceptations.

Dividende.

Effets à recevoir ou actifs, Effets à payer ou passifs, Effets longs, courts, protestables, déplacés, impayés, en souffrance.

Emission.

Escomptes et Recouvrements.

Escompter un vendeur.

Exécuter, Exécution, Exécuté.

Feuille, Feuillet, Folio, Folioter, Page, Paginer.

Grosse aventure.

Haussier, Baissier.

Honneur de la signature.

Inventaire du commerçant, Inventaire du comptable, Bilan.

Manifeste.

Marchés au comptant, à terme, fermes, à prime.

Minimum, Maximum.
Opérations à l'acquitté, en entrepôt.
Prélèvement, Prélever, Levées.
Protêt tardif.
Report, Reporter, Reporté. (Termes de comptabilité).
Report, Reporteur, Reporté, Déport. (Termes de bourse).
Redressement, Contre-passation.
Remboursement.
Ristourne.
Veritas (Registre).
Versement.

ENSEIGNEMENT SECONDAIRE SPÉCIAL

COMPTABILITÉ — 2me ANNÉE

EXERCICES

SUR LE

COURS PRÉPARATOIRE

A LA TENUE DES LIVRES

EXERCICES

SUR LE

COURS PRÉPARATOIRE

A LA TENUE DES LIVRES

INTERROGATIONS

SUR LES MATIÈRES QUI SUIVENT :

Livres auxiliaires. — Livre d'Achats.

(Voyez le volume du Cours préparatoire à la Tenue des Livres, de la page 1 à la page 5 inclusivement).

EXEMPLE D'UN LIVRE D'ACHATS.

Texte.

Le 20 novembre 18.., Jules Lartot, au Havre, a acheté de F. Rameau et Cie, au Havre, ce qui suit en compte courant valeur 31 décembre :

25 châles longs, tartan écossais, ... à 19 fr., 75 c. ;
36 cachemires des Indes, à palmettes, . à 35 fr., » c. ;
25 foulards des Indes, fond blanc, . . . à 2 fr., 95 c.

Le même jour, Jules Lartot a acheté, contre espèces, de Varin fils, au Havre :

50 cachemires des Indes, tissés, à 350 fr., sous escompte de 4 1/2 0/0.

Le 21, Jules Lartot a acheté, à 4 1/2 mois, sous escompte de 1/2 0/0 par mois, de Fernand Buquet, au Havre, et a payé comptant :

1250 kil. cuirs secs d'Haïti, ... à 180 fr. les 100 kil. ;
500 id. cuirs salés de Pernambuco,. à 156 fr., id.

INTERROGATIONS

SUR LA MATIÈRE QUI SUIT :

Livre de Ventes.

(Voyez le volume du Cours préparatoire à la Tenue des Livres, de la page 5 à la page 7).

EXEMPLE D'UN LIVRE DE VENTES.

Texte.

Le 20 novembre 18.., Jules Lartot, au Havre, a adressé à Rouchon frère et sœur, à Melun :

3224 mètres de toile, . . . à 2 fr., 35 c. ;
4029 id. de rouennerie, à 1 fr., 20 c.,

payables le 15 janvier suivant et leur a fourni une facture portant le n° 225.

Le 21, Jules Lartot a vendu à Grobune et Roy, à Trouville, qui l'ont payé comptant, sous escompte de 1 1/2 0/0, avec facture portant le n° 226 :

317 mètres de drap vert, à 9 fr., » c. ;
416 id. de toile,. . . . à 1 fr., 40 c. ;
100 id. de brocatelle, à 14 fr., » c.

Le même jour, Jules Lartot a adressé à Papelin et Cie, à Honfleur, les marchandises ci-dessous, et s'est remboursé du montant de sa facture, au moyen d'une traite à son ordre, à l'échéance du 31 janvier, qu'il a mise en portefeuille ; la facture porte le n° 227 :

215 mètres, 50 cent., de gros de Naples, . à 4 fr., 10 c. ;
252 id., » de damas, ... à 10 fr., » c. ;
100 châles tartan, ... à 14 fr., » c.

INTERROGATIONS

SUR LA MATIÈRE QUI SUIT :

Livre de Commissions.

(Voyez le volume du Cours préparatoire à la Tenue des Livres, de la page 7 à la page 9 inclusivement).

EXEMPLE D'UN LIVRE DE COMMISSIONS.

Texte.

On suppose que 1616 articles ont déjà été inscrits sur le livre de commissions et que les deux articles, dont les éléments suivent, portent les n°s 1617 et 1618 et sont passés au livre de commissions à la date du 22 novembre 18. .

1er *article.*

Commission d'Aubertin, à Jussey, dont les divers objets sont classés dans la case n° 22. Le règlement doit être en un tirage à vue, 15 jours après l'envoi.

1° Le fournisseur est Belin, le n° de l'échantillon de la maison 1912, celui du fabricant 1011, la quantité 12 et la désignation Atlas d'Arago, composé de 20 cartes, avec 13°. Prix du fournisseur 7 fr., prix de la maison 8 fr., 75 c. Ces objets ont été commandés et livrés.

2° Fournisseur Bogey, n° de l'échantillon de la maison 915, n° du fournisseur 34, quantité 30 douzaines, désignation jeux de loto, boîtes jocko. Prix du fournisseur 8 fr., de la maison 10 fr. Objets commandés et livrés.

3° Même fournisseur, n° des échantillons de la maison 928, du fournisseur 42, quantité 12 douzaines jeux de dominos, à pivots. Prix coûtant 15 fr., prix de vente 18 fr., 75 c. Ces objets ont été commandés et livrés.

4° Fournisseur Henry, n° des échantillons de la maison 946, du fournisseur 20, quantité 12 douzaines jeux d'échecs, bois.

Prix du fournisseur 18 fr., de la maison 22 fr., 50 c. Objets commandés et livrés.

5° Même fournisseur, nos 963 et 29, quantité 10 douzaines damiers, bois de hêtre. Prix coûtant 16 fr., de vente 20 fr. Objets commandés et livrés.

6° Fournisseur Morel, nos 1215 et 7, quantité 200 paires de chandeliers, porcelaine, statuettes homme et femme. Prix coûtant 2 fr., 10 c., de vente 2 fr., 60 c. Objets commandés et non livrés.

7° Même fournisseur, nos 1242 et 49, quantité 12 corbeilles porcelaine, forme osier, à jour, décorées, fleurs en relief. Prix coûtant 6 fr., de vente 7 fr., 20 c. Objets commandés et non livrés.

8° Même fournisseur, nos 1224 et 33, quantité 8 globes terrestres, montés métal. Prix coûtant 22 fr., de vente 26 fr., 40 c. Objets commandés et non livrés.

9° Même fournisseur, nos 1237 et 18, quantité 8 globes célestes, montés métal. Prix d'achat 22 fr., de vente 26 fr., 40 c. Objets commandés et non livrés.

10° Fournisseur Chevalier, nos 1410 et 6, quantité 26 douzaines cuirs à rasoirs, quatre faces, pâte dans le manche. Prix d'achat 27 fr., de vente 32 fr., 40 c. Objets commandés et livrés.

2me *article.*

Commande de Hugot, à Neufchâteau, classée dans la case 18. Une convention de la commande porte que l'on comptera 6 fr. pour la caisse d'emballage.

1° Fournisseur Galopin, nos 330 et 31, quantité 16 lampes modérateur, porcelaine, 9 lignes. Prix coûtant 12 fr., de vente 14 fr., 40 c. Objets commandés et livrés.

2° Même fournisseur, nos 342 et 43, quantité 16 trépieds porcelaine et cuivre. Prix coûtant 5 fr., de vente 6 fr. Objets commandés et livrés.

3° Fournisseur Sommelet, nos 1904 et 63, quantité 20 douzaines sécateurs pour la vigne. Prix d'achat 33 fr., de vente 39 fr., 60 c. Objets commandés et non livrés.

4° Même fournisseur, nos 1915 et 74, quantité 10 douzaines couteaux à greffer, corne de cerf. Prix coûtant 54 fr., de vente 64 fr., 80 c. Objets commandés et non livrés.

5° Fournisseur Loiseau, nos 2017 et 82, quantité 60 douzaines pèse-liqueur, verre renforcé. Prix coûtant 4 fr., 50 c., de vente 5 fr., 40 c. Objets non commandés.

6° Même fournisseur, nos 1959 et 24, quantité 24 douzaines thermomètres Réaumur et centigrades, emballés avec du son. Prix coûtant 48 fr., de vente 57 fr., 60 c. Objets non commandés.

7° Fournisseur Flamand, nos 816 et 125, quantité 20 boîtes de mathématiques complètes, pièces en cuivre. Prix coûtant 18 fr., de vente 21 fr., 60 c. Objets commandés et livrés.

8° Fournisseur Fournier, nos 118 et 27, quantité 20000 clous dorés pour meubles. Prix coûtant 9 fr., de vente 10 fr., 80 c. Objets non commandés.

9° Fournisseur Patry, nos 491 et 52, quantité 16 douzaines bougeoirs zinc, forme feuillage. Prix coûtant 25 fr., de vente 30 fr. Objets commandés et non livrés.

10° Même fournisseur, nos 1413 et 84, quantité 20 jolis pots à tabac, avec personnages. Prix coûtant 12 fr., de vente 14 fr., 40 c. Objets commandés, non livrés.

INTERROGATIONS

SUR LA MATIÈRE QUI SUIT :

Livre d'Entrée et de Sortie des Marchandises.

(Voyez le volume du Cours préparatoire à la Tenue des Livres, de la page 10 à la page 15 inclusivement).

EXEMPLE D'UN LIVRE D'ENTRÉE ET DE SORTIE DES MARCHANDISES.

Texte.

Le 17 novembre 18.., j'ai reçu de J. Capellard, à Carthagène, 200 tonneaux de bois jaune, pesant net 147200 kil., qui me reviennent, au Havre, à 17 fr., 64 c., les 100 kil.

Le 19, j'ai acheté de R. Vauthier, au Havre, 500 sacs de café des Gonaïves, pesant net 30753 kil., qui me reviennent, au Havre, à 213 fr. les 100 kil.

Le 22, j'ai reçu de Rodriguez, aux Canaries, 40 balles de cochenille, pesant net 1778 kil., qui me reviennent, au Havre, à 10 fr., 53 1/2 c., le kil.

Le 1er décembre, j'ai reçu de Dent et Cie, à Macao, 1000 caisses de cannelle de Chine, pesant net 29500 kil., qui me reviennent, au Havre, à 213 fr., 03 c., les 100 kil.

Le 6, j'ai vendu à Vassal, au Havre, 500 sacs de café des Gonaïves, pesant 30753 kil., à 226 fr., 10 c., les 100 kil.

Le 7, j'ai reçu de Alsop, à San-Francisco, 7001 sacs de blé, pesant brut 424084 kil., qui me reviennent, au Havre, à 60 fr., 24 c., les 200 kil.

Le 14, j'ai vendu à Abram, au Havre, 200 tonneaux de bois jaune, pesant net 147200 kil., à 22 fr. les 100 kil.

Le 21, j'ai vendu à Jouvel, au Havre, 25 balles de cochenille, pesant net 1111 kil., à 12 fr., 80 c., le kil.

Le 3 janvier 18. ., j'ai reçu de Jouve, à Valparaiso, 484 barres de cuivre, pesant net 46085 kil., qui me reviennent, au Havre, à 175 fr., 25 c., les 100 kil.

Le 4, j'ai vendu à P. Morin, de Paris, 15 balles de cochenille, pesant net 667 kil., à 13 fr., 05 c., le kil.

Le 14, j'ai reçu de Leroux, à Batavia, 2700 piculs de riz, pesant net 148500 kil., qui me reviennent, au Havre, à 44 fr., 40 c., les 100 kil.

Le même jour, j'ai reçu de Weber et Cie, à Batavia 1000 peaux de vaches, pesant net 2968 kil., qui me reviennent, au Havre, à 329 fr., 82 c., les 100 kil.

Le 15, j'ai vendu à Pénard, de Paris, 7001 sacs de blé de San-Francisco, pesant brut 424084 kil., à 69 fr., 60 c., les 200 kil.

Le 23, j'ai vendu á Ganche, de Honfleur, 120 barres de cuivre, pesant net 11519 kil., à 192 fr., 80 c., les 100 kil.

Le 28, j'ai vendu à Rioux, de Paris, 1000 caisses de cannelle de Chine, pesant 29500 kil., à 226 fr. les 100 kil.

Le 30, j'ai reçu de Dirom, à Bombay, 100 balles de laine, pesant net 14616 kil., qui me reviennent, au Havre, à 293 fr., 02 c., les 100 kil.

Le même jour, j'ai reçu de Price et Cie, à Bombay, 100 balles de coton, pesant net 17304 kil., qui me reviennent, au Havre, à 271 fr., 83 c., les 100 kil.

Le 1er février, j'ai vendu à Kaulin fils, au Havre, 1000 peaux de vaches, pesant net 2968 kil., à 361 fr. les 100 kil.

Le 7, j'ai vendu à Graux, au Havre, 100 balles de coton, pesant net 17304 kil., à 292 fr., 15 c., les 100 kil.

INTERROGATIONS

SUR LA MATIÈRE QUI SUIT :

Livre de Caisse.

(Voyez le volume du Cours préparatoire à la Tenue des Livres de la page 16 à la page 23 inclusivement).

EXEMPLE D'UN LIVRE DE CAISSE.

Texte.

On supposera que le livre de caisse porte le folio 66

1re *quinzaine de mars* 18. .

Le 1er mars, la caisse présente un solde débiteur de 5627 fr., 85 c.

Le 2, je négocie à Louis Barbet, au Havre, deux effets, dont la valeur nominale s'élève à 5000 fr., et il me paye pour produit net 4987 fr., 20 c.

Le 3, ayant acheté de Gigoux fils, au Havre, pour 6140 fr., 25 c., de marchandises, je lui donne en règlement un effet dont la valeur effective est de 7920 fr., 90 c., et il me rend le surplus en espèces, soit 1771 fr., 65 c.

Le 5, je règle mon compte avec Vauthier père, au Havre, et je reçois en espèces pour solde 2542 fr., 35 c.

Le 6, Cavaraux, au Havre, me remet en espèces pour le compte de P. Brison et Cie, à Elbeuf, 31 fr., 35 c., en remboursement d'un port que j'ai payé pour eux précédemment.

Le 9, j'achète de P. Darcet, au Havre, pour 1044 fr., 40 c., de marchandises que je paye comptant.

Le 10, je vends des marchandises à Hébert et Cabral, au Havre, pour une somme de 4563 fr., 20 c., et ils me donnent à compte, en espèces, 563 fr., 20 c.

Le 12, j'escompte à Ch. Loffroy, au Havre, 4363 fr., 45 c., de valeurs de portefeuille et je lui remets en espèces le produit net du bordereau, qui est de 4285 fr., 70 c.

Le 13, j'acquitte une traite, à vue, de 3976 fr., 65 c., fournie sur moi par Jules Vigier, à Rouen.

Le 14, je reçois de Durst, à Choisy-le-Roi, les marchandises qu'il m'a adressées, et je paie le port à ma charge, qui est de 50 fr., 50 c.

Le 15, je règle mon compte avec Grobune, au Havre, et il me compte, en espèces, pour solde 642 fr., 85 c.; je porte cette somme en recette et je fais ma caisse.

2me *quinzaine de mars.*

Le 17, j'encaisse l'effet n° 4729, de 1293 fr., 60 c.

Le 20, j'acquitte mon billet n° 342, de 884 fr., 50 c.

Le même jour, je négocie à Sebert, au Havre, un bordereau dont le produit net est de 3794 fr., 75 c., qu'il me paye en espèces.

Le 22, je vends à Legendre et Cie, au Havre, pour 6745 fr., 90 c., de marchandises et ils me donnent à valoir 2245 fr., 90 c.

Le 23, je reçois de Norbin, au Havre, pour compte de Georges Voinot, 15 fr., 50 c.

Le 26, je reçois du même, pour le compte du même, le remboursement de son billet de 909 fr., 85 c., échu le 20 mars.

Le 27, je paye, pour le compte de Paul Soyez, à Paris, un fret de marchandises s'élevant à 117 fr., 65 c.

Le 29, j'échange avec J. Brenot, au Havre, un effet sur Paris, de 8000 fr., au 31 mai, contre un effet de même somme sur

Rouen, à la même échéance, et il me paye en espèces, pour bonification, 20 fr.

Le 30, je vends, contre espèces, à Lojard aîné, au Havre, un lot de marchandises pour le prix de 1515 fr., 35 c.

Le 31 mars, je porte en dépense à la caisse ce qui suit :

Mes prélèvements du mois....................	974,65
Les appointements des employés..............	1900, »
Un achat de timbres-poste et menus frais.....	76,15

Et je fais ma caisse.

INTERROGATIONS

SUR LES MATIÈRES QUI SUIVENT :

Livre d'Enregistrement des Effets à Recevoir, Carnet d'Echéances des Effets à Recevoir.

(Voyez le volume du Cours préparatoire à la Tenue des Livres, de la page 24 à la page 31 inclusivement).

EXEMPLE D'UN LIVRE D'ENREGISTREMENT DES EFFETS A RECEVOIR.

Texte.

Le 13 janvier 18.., je fournis sur F. Chauvin, à Yvetot, une traite de 1836 fr., au 15 mars, que je mets en portefeuille, et que j'inscris au livre d'enregistrement sous le n° 201.

Le 21, je reçois de Grobune, au Havre, une lettre de change de 2524 fr., au 28 février, tirée par N. Beaudoin, à Paris, le 6 janvier, sur L. Damoy, négociant, à Rouen, à l'ordre de Derriez fils, qui l'a cédée à Bréard, de qui Grobune la tenait et je l'inscris sous le n° 202.

Le même jour, je fournis sur Burdin jeune, à Honfleur, une traite de 2524 fr., au 28 février, à l'ordre de Grobune, au Havre, à qui je la donne en échange de sa remise dudit jour, et j'inscris cette traite sous le n° 203.

Le 23, Rouchon et Cie, au Havre, à qui j'ai vendu de la marchandise pour une somme de 1500 fr., me donnent en règlement leur billet, à l'échéance du 31 janvier, et je l'inscris sous le n° 204.

Le 24, je reçois en compte de Pernot frères, à Paris, une traite de 1200 fr., au 15 février, qu'ils ont tirée à mon ordre, le 23 courant, sur Dauprat, au Havre, et que j'inscris sous le n° 205.

Le même jour, j'adresse le n° 205 à Gouvier, à Elbeuf.

Le 31 janvier, j'encaisse le n° 204.

Le 9 février, je reçois de Burdin jeune, à Honfleur, une lettre de change de 2000 fr., au 31 mars, tirée par Michalet, à Trouville, le 14 janvier, sur Nadar, à Dieppe, à l'ordre de Paimbeuf, à Rouen, qui l'a passée à Parent, de qui Burdin jeune la tenait, et je l'inscris sous le n° 206.

Le 12, j'adresse le n° 201 à Fortin, à Rouen.

Le 14, Hamouy, au Havre, me remet une traite de 3000 fr., au 31 mars, qu'il a tirée, ce jour, à mon ordre, sur Goupil et Cie, à Rouen, et que j'inscris sous le n° 207.

Le 19, je reçois de L. Garot, au Havre, une traite de 3600 fr., au 15 avril, qu'il a tirée, ce jour, sur Nardin, à Louviers, et je l'inscris sous le n° 208.

Le 20, j'adresse le n° 202 à Bruet aîné, à Rouen.

Le 22, j'adresse le n° 208 à Gouvier, à Elbeuf.

Le 27, je reçois en compte de Barral, à Marseille, un billet de 873 fr., 85 c., à l'échéance du 30 avril, souscrit le 4 février par Voluisant, au Havre, au profit de Guichard, à Bordeaux, qui l'a passé à Guibert, de sa ville, de qui Barral le tenait. J'inscris cet effet sous le n° 209, et je le remets en compte à Charrière au Havre.

Le 6 mars, je reçois de Liardet, à Fécamp, son billet de 5426 fr., 50 c., au 31 mars, souscrit à mon profit, le 5 mars, pour solde de compte.

EXEMPLE D'UN CARNET D'ÉCHÉANCES DES EFFETS A RECEVOIR.

Texte.

On se servira du texte précédent du livre d'enregistrement des effets à recevoir pour composer le carnet d'échéances des mêmes effets.

INTERROGATIONS

SUR LES MATIÈRES QUI SUIVENT :

Livre d'Enregistrement des Effets à Payer, Carnet d'Echéances des Effets à Payer.

(Voyez le volume du Cours préparatoire à la Tenue des Livres, de la page 32 à la page 36 inclusivement).

EXEMPLES D'UN LIVRE D'ENREGISTREMENT DES EFFETS A PAYER ET D'UN CARNET D'ÉCHÉANCES DES EFFETS A PAYER.

Texte d'un Livre d'Enregistrement des Effets à Payer.

Le 2 janvier 18.., je souscris un billet de 143 fr., 45 c., à l'ordre de E. Pajol, à Semur, à l'échéance du 15 du même mois.

Le 9, j'accepte une traite de 1869 fr., 60 c., tirée sur moi par Trézen, à Arras, à l'échéance du 15 février.

Le 15, j'acquitte le n° 1.

Le 17, j'accepte une traite de 2400 fr. tirée sur moi, à 8 jours de vue, par Ch. Glandas, à Toulouse.

Le 25, j'acquitte le n° 3.

Le 28, j'accepte deux traites d'Andriot, à Mâcon, savoir : la 1re de 1200 fr., au 28 février ; la 2me de 662 fr., 35 c., au 15 mars.

Le 5 février, je souscris un billet de 611 fr., 10 c., au profit de Bergeron, au Havre, à l'échéance du 31 mars.

Le 12, ayant vendu des marchandises à Bergeron, il me rend, à compte de ma facture, le n° 6 que je lui ai souscrit le 5 courant.

Le 15, j'acquitte le n° 2.

Le 20, j'accepte une traite de 3600 fr., au 15 avril, tirée sur moi par P. Magny, à Rambouillet.

Le 26, je souscris un billet de 444 fr., 45 c., à l'ordre de Servant, à Paris, à l'échéance du 15 avril.

Texte d'un Carnet d'Echéances des Effets à Payer.

Le texte précédent du livre d'enregistrement des effets à payer servira pour composer le carnet d'échéances des mêmes effets.

INTERROGATIONS

SUR LES MATIÈRES QUI SUIVENT :

Livres de Copies de Lettres, Répertoire du Livre de Copies de Lettres.

(Voyez le volume du Cours préparatoire à la Tenue des Livres de la page 37 à la page 44).

EXEMPLE D'UN LIVRE DE COPIES DE LETTRES AVEC SON RÉPERTOIRE

Texte.

Livre de Copies de Lettres de N. Quévrain et Cie, banquiers, à Paris.

La 1re lettre est copiée sur la 1re page du livre de copies de lettres.

Le 14 juillet 18.., N. Quévrain et Cie, banquiers, à Paris, écrivent à Maury fils, banquier, à Marseille, pour lui accuser réception d'un bordereau d'effets s'élevant à 4813 fr., 45 c., contenu dans sa lettre du 10 du même mois, et lui adresser 5 valeurs, savoir : 173 fr., 20 c., sur Grasse, au 31 juillet; 1000 fr., sur Gap, au 15 août; 393 fr., 75 c., sur Bastia, au 15 août; 2282 fr., 40 c., sur Constantine, au 31 août; 12000 fr. sur Marseille, au 30 septembre. N. Quévrain et Cie font observer qu'ils sont créditeurs d'environ 26000 fr., dont ils désireraient être couverts en remises sur les départements de la Seine, de Seine-et-Oise, de Seine-et-Marne, de la Marne ou de la Somme.

Le 20 juillet 18.., N. Quévrain et Cie, ayant reçu de Maury fils, à Marseille, une lettre du 18 juillet contenant 9 effets, dont la valeur nominale est de 19773 fr., 65 c., et une demande de renseignements sur une maison de Paris, désignée dans un bulletin joint à la lettre, lui accusent réception de ses remises et lui signalent la maison sur laquelle il désire avoir des informations comme une maison honorable, mais qui débute avec un petit capital. Ils pensent, en conséquence, qu'il serait imprudent de se trouver à découvert avec elle de plus de 10000 fr. pour commencer. Ils saisissent l'occasion pour lui annoncer l'envoi d'un nouveau tarif de recouvrements, qui réduit considérablement les changes de place des valeurs sur les départements de la Marne, de la Seine-Inférieure, de l'Eure, du Calvados et de la Manche. Enfin, cette lettre renferme 2 remises, savoir : 641 fr., 50 c., sur Meyrargues, au 31 août; 1728 fr., 35 c., sur Marseille, au 15 septembre.

Le 22 juillet 18.., sur la demande de Joseph Bessière, à Aurillac, N. Quévrain et Cie, font à la librairie de Charles Delagrave, rue des Écoles, 58, à Paris, une commande de livres, qui devront être adressés à Joseph Bessière, et dont la facture sera acquittée à la caisse de N. Quévrain et Cie, aussitôt après l'envoi des livres.

Voici la liste des ouvrages demandés :

1° Deux douzaines, avec 13e, de chacun des 4 volumes de Comptabilité, appropriés à l'enseignement secondaire spécial par Hippolyte Vannier, savoir :

Premières Notions du Commerce et de la Comptabilité,

Cours préparatoire à la Tenue des Livres,

Traité de la Tenue des Livres,

Notions complémentaires de Comptabilité générale.

2° Une douzaine, avec 13e, de chacun des ouvrages de Géographie qui suivent par E. Levasseur, savoir :

Géographie et Statistique de la France (avec ses colonies),

Atlas de 27 cartes pour servir à l'intelligence de cette géographie,

Géographie et Statistique de l'Europe (moins la France),

Atlas de 34 cartes pour servir à l'intelligence de cette géographie,

Géographie et Statistique du monde (moins l'Europe),

Atlas de 32 cartes pour servir à l'intelligence de cette géographie.

Le 23 juillet 18 ., lettre de N. Quévrain et Cie à Louis Assas, à St-Germain-en-Laye.

Ce dernier avait chargé les premiers par une lettre du 16 mai, à laquelle il avait été répondu affirmativement le 17 du même mois, de faire acheter pour son compte et de régler eux-mêmes 500 sacs de café de Rio-Janeiro.

N. Quévrain et Cie confirment leur lettre du 17 mai et reproduisent le compte ci-dessous, qui leur a été fourni par J.-B. Lemire, commissionnaire, au Havre, valeur du 20 courant, pour les frais du Havre.

Prix de revient, à Rio-Janeiro, de 500 sacs Café, pesant net 35625 kil., achetés contre remboursement en une traite sur N. Quévrain et Cie, à Paris, à 90 jours de vue, acceptée le 22 juillet courant............................F. 47882,65

Frais du Havre à ajouter :

Fret sur 36700 kil., brut, à F. 60 et 10 0/0 par tonneau de 900 kil.......F.	2691,35	
Permis, voiliers pour échantillonner et conditionner, frais au débarquement, port en entrepôt, magasinage et menus frais............................»	300, »	
Assurances maritimes et contre le feu............................»	684,25	
Commission d'achat, 2 0/0........»	1052,20	» 4727,80
	Ensemble...........F.	52610,45

INTERROGATIONS

SUR LES MATIÈRES QUI SUIVENT :

Compte de Retour. — Formule du Compte de Retour, Explication des Articles du Compte de Retour, Analyse des Articles du Compte de Retour, Préjudice causé par le Compte de Retour.

(Voyez le volume du cours préparatoire à la tenue des livres, de la page 44 à la page 55).

EXEMPLES DE QUATRE COMPTES DE RETOUR.

Texte du 1er Compte.

Principal, 602 fr., 50 c. ; intérêts de retard, 1 1/2 mois ; ports de lettres, 8 fr., 60 c.; perte à la retraite, 2 0/0.

Texte du 2me Compte.

Principal, 997 fr., 60 c.; intérêts, 1 3/4 mois; ports de lettres, 10 fr., 40 c.; perte à la retraite, 1 3/4 0/0.

Texte du 3me Compte.

Principal, 98 fr., 40 c.; intérêts, 2 mois; ports de lettres, 9 fr.; perte à la retraite, 2 0/0.

Texte du 4me Compte.

Principal, 988 fr., 90 c.; intérêts de retard, 1 1/2 mois; ports de lettres, 18 fr., 20 c.; perte à la retraite, 1 3/4 0/0.

Préjudice.

On demande la perte pour cent causée par ce 4me compte de retour pour un an, un mois, huit jours et cinq jours.

EXEMPLE D'UN COMPTE DE RETOUR,

Ayant donné lieu à une retraite accompagnée des pièces justificatives.

Texte d'un billet.

Le 7 février 18.., S. Pardigon, à Poitiers, reçoit de F. Messier, à Bourg, un billet de 992 fr. souscrit à son profit, le 5 du même mois, pour solde de compte, à l'échéance du 15 mars suivant.

Le 19, S. Pardigon négocie l'effet à Berjot, de sa ville.

Le 26, Berjot adresse le billet en compte à Sorlin-Durand, à Lignières.

Le 28, Sorlin-Durand adresse le billet en compte à Clairin fils, à Nevers.

Le 6 mars, Clairin fils adresse le billet en compte à veuve Edard, à Charolles.

Le 9 mars, veuve Edard adresse le billet en compte à G. Nicou, à Bourg.

Le 17 mars, le billet, ayant été protesté à défaut de payement, est renvoyé à veuve Edard, à Charolles, par G. Nicou, à Bourg, accompagné du protêt.

Le 18 mars, veuve Edard, à Charolles, dresse un compte de retour sur Sorlin-Durand, à Lignières, à l'ordre de son cédant; elle compte 1 1/2 mois d'intérêts, 4 fr., 55 c., de ports de lettres et un rechange de 1,80 0/0.

Le certificat attestant le cours du change de Charolles sur Lignières est signé par Duranton et J. Buquet, commerçants, à Charolles.

Enfin veuve Edard fournit une retraite, à vue, sur Sorlin-Durand à l'ordre de Clairin fils.

INTERROGATIONS

SUR LES MATIÈRES QUI SUIVENT :

Bordereau de Rechange, Compte ou Bordereau de Retraite.

(Voyez le volume du Cours préparatoire à la Tenue des Livres, de la page 55 à la page 57).

EXEMPLE D'UN BORDEREAU DE RECHANGE,
Tel qu'il a été décrété le 8 avril 1848.

Texte.

Nous supposerons le principal de 992 fr., qui a servi à établir le compte de retour précédent. Les intérêts de retard seront réduits à 15 jours; le timbre de la retraite sera porté à 60 cent., à cause de l'augmentation du prix du papier timbré; les ports de lettres seront réduits à 2 fr. et la perte à la retraite sera de 3/4 0/0, parce que Lignières n'est ni chef-lieu de département ni chef-lieu d'arrondissement.

INTERROGATIONS

SUR LES MATIÈRES QUI SUIVENT :

Bordereau d'Escompte.—Formule pratique du Bordereau d'Escompte, Bordereau d'Escompte calculé par les Intérêts, Bordereau d'Escompte calculé par les Nombres.

(Voyez le volume du Cours préparatoire à la Tenue des Livres, de la page 57 à la page 62 inclusivement).

EXEMPLES DE QUATRE BORDEREAUX D'ESCOMPTE CALCULÉS PAR LES INTÉRÊTS.

Texte du 1er Bordereau.

Le 16 décembre 18.., Edmond Marchand, négociant, à Paris, envoie à l'escompte, à P. Tourette et Cie, banquiers, à Paris, les effets ci-dessous :

166,65,	Tournus	15 janvier,	change de place	15 c. ;
917,80,	Tramayes	31 id.,	id.	75 c. ;
611,15,	Bouvraus	15 février,	id.	75 c. ;
1000, »,	Chaussin	15 id.,	id.	40 c. ;
1800, »,	Montbarrey	28 id.,	id.	35 c. ;
882,30,	Thoissey	15 mars,	id.	40 c. ;
2400, »,	Lyon	31 id.,	id.	—

Intérêts, 4 1/2 0/0 ; Commission, 1/2 0/0.

Texte du 2e Bordereau.

Date du bordereau, 24 janvier 18..

Banquiers, Léger frères, à Paris.

Effets remis par Oudotte et Cie, commerçants, à Paris.

888,90,	Nontron	20 février,	change de place	70 c. ;
110,10,	Alais	28 id.,	id.	20 c. ;
6000, »,	Béziers	15 mars,	id.	20 c. ;
68,70,	Nyons	31 id.,	id.	40 c. ;
2400, »,	Guingamp	10 avril,	id.	30 c. ;
46,40,	Périgueux	15 id.,	id.	25 c.

Les intérêts sont à 5 0/0, avec une commission de 1/2 0/0. Les effets de 50 fr. et au-dessous sont frappés d'une commission de 50 c. ; ceux de plus de 50 fr. et de moins de 100 fr. sont comptés pour 100 fr. Ces deux dernières distinctions ne s'appliquent qu'aux changes de place.

Texte du 3me Bordereau.

Date du bordereau, 3 mars 18..

Banquiers, Léger frères, à Paris.

Effets remis par Oudotte et Cie, commerçants, à Paris.

4500, »,	Nontron.......	20 mars,	change de place	70 c. ;	
92,20,	Remoulins...	31 id.,	id.	35 c.	(Minimum 500);
1200, »,	L'Agah........	10 avril,	id.	15 c.	(Frais d'exp. 50 c.);
3323,35,	Fleurus........	15 id.,	id.	45 c.	(Timbre à ajouter);
286,85,	Marchiennes	15 id.,	id.	25 c.	(Minimum 400);
4000, »,	Lille...........	30 id.,	id.	15 c.;	
2422,20,	Bordeaux.....	15 mai,	id.	15 c.	

Intérêts, 5 1/2 0/0; Commission, 1/2 0/0.

Texte du 4me Bordereau.

Date du bordereau, 17 mars 18..

Banquiers, Léger frères, à Paris.

Effets remis par Oudotte et Cie, commerçants, à Paris.

3000, »,	Mâcon........	5 avril,	change de place	20 c. ;	
777,80,	St-Pol.......	15 id.,	id.	45 c. ;	
468,65,	Ingrande..	30 id.,	id.	60 c. ;	
2927,70,	id.........	30 id.,	id.	45 c. ;	
8800, »,	Paris........	15 mai,	—	—	
600, »,	Dieppe.....	31 id.,	change de place	25 c. ;	
1100, »,	Olten (Suisse)...	5 juin,	id.	35 c.	(Timbre à ajouter).

Intérêts, 4 3/4 0/0 ; Commission, 2/5 0/0.

EXEMPLE D'UN BORDEREAU D'ESCOMPTE CALCULÉ PAR LES NOMBRES.

Texte.

On se servira du texte du 2e bordereau, qui a été établi par les intérêts immédiats, pour établir le même bordereau au moyen des nombres.

INTERROGATIONS

SUR LES MATIÈRES QUI SUIVENT :

Comptes Courants portant Intérêts. — Différentes Méthodes, Époques de Règlement des Comptes, Calcul des Intérêts, Difficultés à résoudre, Disposition des Comptes.

Méthode Directe. — Formule élémentaire de la Méthode directe, Formule pratique de la Méthode directe, Usage de la Méthode directe.

(Voyez le volume du Cours préparatoire à la Tenue des Livres, de la page 63 à la page 89 inclusivement).

EXEMPLES DE QUATRE COMPTES COURANTS ÉTABLIS D'APRÈS LA MÉTHODE DIRECTE, AU MOYEN DES INTÉRÊTS IMMÉDIATS ET AU MOYEN DES NOMBRES.

1er Compte courant établi d'après la méthode directe,

au moyen des intérêts immédiats.

Texte.

Compte de Oudotte et Cie, à Paris, établi le 3 avril 18.., par Léger frères, à Paris, et réglé valeur du 31 mars de la même année, au taux de 6 0/0.

DOIT.

18..				
Janvier	14,	10000, »,	Espèces,	13 janvier ;
	30,	6000, »,	id.	29 id. ;
Février	14,	8000, »,	id.	13 février ;
	27,	12000, »,	id.	26 id. ;
Mars	14,	20000, »,	id.	13 mars ;
	30,	15000, »,	id.	29 id.

AVOIR.

18..				
Janvier	4,	11187,60,	Net de leur bordereau,	4 janvier ;
	24,	9367,95,	id.	24 id. ;
Février	7,	10473,45,	id.	7 février ;
	21,	17914,10,	id.	21 id. ;
Mars	3,	15577,15,	id.	3 mars ;
	17,	17455,45,	id.	17 id.

1er Compte courant établi d'après la Méthode directe,

au moyen des nombres.

Texte.

On se servira du texte qui précède pour établir, au moyen des nombres, le compte qui aura été établi par les intérêts immédiats, afin de constater que le résultat ne change pas, quelle que soit celle de ces deux méthodes que l'on emploie.

2° Compte courant établi d'après la Méthode directe,

au moyen des intérêts immédiats.

Texte.

Compte de J. Tarlet et Cie, à Nantes, établi le 4 octobre 18.., par Pradel frères, à Troyes, et réglé valeur du 30 septembre de la même année, au taux de 4 0/0.

DOIT.

18..

Juillet......... 1er, 2105,85, Solde ancien,........... 30 juin ;
9, 1012,25, Ploërmel,........ .... 31 juillet, change de place, 65 c.;
12, 548,40, Guingamp,............... 31 id., id., 30 c.;
Août.. .... 3, 666,65, Bédée,....................... 15 octobre, id., 80 c.;
19, 1500, », Leur encaissement,. 15 août, commission, 1/8;
22, 3422,20, Saumur,.................. 31 octobre, change de place, 25 c.;
Septembre... 5, 4500, », Payé à F. (à domicile) 5 septemb., commission, 1/4;
17, 3000, », Nantes,..................... 30 novembre;
27, 600, », Mon acceptation,...... 15 id., commission, 1/4.

AVOIR.

18..

Juillet......... 8, 4000, », Leur payement,....... 5 juillet, commission, 1/8;
21, 900, », Épernay,..................... 30 septemb., ch. de place, 20 c.;
Août.......... 13, 3600, », Ma traite,................ 15 octobre, commission, 1/4;
20, 2700, », Reçu de G.,.............. 20 août, id., 1/8;
21, 545,40, Sens,......................... 25 novemb., ch. de place, 30 c.;
Septembre... 8, 6000, », Troyes,....................... 15 décembre;
15, 611,10, Langres,..................... 20 octobre, ch. de place, 20 c.;
23, 1344,75, Lesmont,.................. 20 novemb., id., 50 c.

Le minimum des commissions est de 1000 fr.

2° Compte courant établi d'après la Méthode directe,

au moyen des nombres.

Texte.

Compte d'Alexandre, à Tarbes, établi le 5 janvier 18.., par N. Pierrard et Cie, à Amiens, valeur du 31 décembre de la même année, au taux de 5 1/2 0/0.

DOIT.

18..

Octobre....... 4, 301,85, Péronne et frais (Remise du précédent compte);
8, 717,55, Tarascon,.................. 31 octobre, change de place, 35 c.
28, 1200, », Son encaissement,.... 25 id., commission, 1/10;
Novembre..11, 824,50, Notre acceptation,..... 15 janvier, id., 1/5;
19, 22,20, Mauléon,..................... 31 décembre, ch. de place, 45 c.;
Décembre.... 3, 611,15, Lourdes,..... .... 10 février, id., 60 c.;
20, 3617,90, Tarbes,........................ 28 id.

AVOIR.

18..				
Octobre......	1er,	173,90,	Solde ancien,............	30 septembre ;
	12,	82,25,	Dinant (Belgique),..	10 novembre, ch. de place, 20 c. ;
	15,	2400, »,	Reçu de Morel,........	15 octobre, commission, 1/10 ;
Novembre...	9,	726,85,	Tarascon et frais, ..	31 id. ;
	17,	669,10,	Son payemt (à dom.),	15 novemb., commission, 1/5 ;
	22,	1000, »,	Amiens,..................	15 décembre ;
Décembre....	6,	3300, »,	Notre traite,...........	31 janvier, commission, 1/5 ;
	27,	563,85,	Aubigny,..................	15 février, change de place, 60 c.

INTERROGATIONS

SUR LES MATIÈRES QUI SUIVENT :

Méthode Indirecte.— Explication de la Méthode indirecte, Utilité de la Méthode indirecte, Formule pratique de la Méthode indirecte, Usage de la Méthode indirecte.

(Voyez le volume du Cours préparatoire à la Tenue des Livres, de la page 90 à la page 99 inclusivement).

EXEMPLES DE DEUX COMPTES COURANTS ÉTABLIS D'APRÈS LA MÉTHODE INDIRECTE, AU MOYEN DES INTÉRÊTS IMMÉDIATS ET AU MOYEN DES NOMBRES.

Compte courant établi d'après la Méthode indirecte,

au moyen des intérêts immédiats.

Texte.

Compte de Reynal et Cie, à Marseille, établi le 2 avril 18.., par V. Carlier, à Paris, et réglé valeur du 31 mars de la même année, au taux de 4 1/2 0/0.

DOIT.

18..						
Janvier.......	1,	2473,85,	Solde ancien,............	31 décembre ;		
	4,	1600, »,	Marseille,................	15 janvier, pair ;		
	13,	3216,10,	Gap,.........................	31 id.,	change de place,	20 c. ;
Février.......	2,	4000, »,	Brignoles,................	15 février,	id.,	20 c. ;
	9,	3542,45,	Constantine,............	28 id.,	id.,	10 c. ;
	22,	3211,60,	Caderousse,............	15 mars,	id.,	25 c. ;
Mars...........	11,	2886,25,	Mouriès,................	31 id.,	id.,	40 c.

18.. AVOIR.

Janvier...... 3, 1809,90, La Flèche,........ 20 janvier, change de place, 15 c.;
15, 2400, », Brionne,........... 5 février, id., 25 c.;
27, 5427,10, Etampes,......... 25 id., id., 20 c.;
Février...... 8, 3200, », Péronne,........... 10 mars, id., 15 c.;
26, 6000, », Paris,................. 20 id., pair;
Mars .... 7, 4915,65, Soissons,.......... 25 id., change de place, 20 c.

Compte courant établi d'après la Méthode indirecte,

au moyen des nombres.

Texte.

Compte de Fidelin jeune, à Bordeaux, établi le 3 juillet 18.., par J. Leray, à Paris, et réglé valeur du 30 juin de la même année, au taux de 5 0/0.

18.. DOIT.

Avril...... 13, 4800, »,.... Payé à J. Petit,........ 13 avril, commission, 1/8 0/0;
22, 3600, »,.... Mon acceptation,...... 20 juin, id., 1/4 0/0;
Mai......... 6, 356,65,.... Arcachon,................ 25 mai, change de place, 50 c.;
16, 282,40,... Nontron,................ 31 id., id., 65 c.;
21, 6000, »,.... Mirande,.................. 15 juin, id., 40 c.;
Juin ...... 10, 1272,85,.... St-Sever,.................. 30 id., id., 40 c.;
22, 1800, »,.... Payé à Quentin (à domicile), commission, 1/5 0/0.

18.. AVOIR.

Avril...... 1, 1666,20,................ Solde ancien,.. 31 mars;
5, 2400, »,................ Reçu de T.,.... (à domicile), commiss., 1/5 0/0;
17, 1413,30,................ Ma traite,..... 30 avril, id., 1/4 0/0;
30, 919,25,................ Provins, ... 15 mai, change de place, 35 c.;
Mai......... 8, 6400, »,................ Paris,............ 25 id., pair;
Juin ...... 3, 2011,45, { 1200, », Honfleur, ... 20 juin, change de place, 15 c.;
600, », Rambouillet,.. 20 id., id., 45 c.;
211,45, Senlis,........... 25 id., id., 40 c.

INTERROGATIONS

SUR LES MATIÈRES QUI SUIVENT :

Méthode Hambourgeoise. — Explication de la Méthode hambourgeoise, Formule pratique de la Méthode hambourgeoise, Usage de la Méthode hambourgeoise.

(Voyez le volume du Cours préparatoire à la Tenue des Livres, de la page 100 à la page 104 inclusivement).

EXEMPLES DE DEUX COMPTES COURANTS ÉTABLIS D'APRÈS LA MÉTHODE HAMBOURGEOISE.

1er *Texte.*

Triard, banquier, à Paris, et Malher, banquier, à Nancy, sont convenus de s'adresser réciproquement leurs remises suivant les conditions de leurs tarifs, d'opérer l'un pour l'autre des encaissements et des payements, de faire des dispositions l'un sur l'autre et de régler leurs comptes d'après la méthode hambourgeoise, au taux de 4 1/2 0/0.

Le 13 janvier 18.., Triard adresse à Malher 2000 fr., sur Nancy, au 28 février.

Le 16, Malher adresse à Triard 1800 fr., sur Paris, au 15 mars.

Le 21, Triard adresse à Malher 4582 fr., 25 c., sur Vesoul, au 28 février; change de place, 15 c.

Le 25, Malher adresse à Triard 325 fr., 40 c., sur Beuzeville, au 31 mars; change de place, 30 c.

Le 31, Malher annonce à Triard qu'il a payé pour son compte 6000 fr.; commission, 1/10 0/0.

Le 5 février, Triard annonce à Malher qu'il a encaissé ledit jour pour son compte 800 fr.; commission, 1/10 0/0. (Le minimum des commissions est de 1000 fr.)

Le 9 février, Malher annonce à Triard qu'il a fourni sur lui une traite de 4600 fr., au 30 avril; commission, 1/5 0/0.

2me *Texte.*

Gouvin, banquier, à Amiens, et Barral, banquier, à Albi, s'adressent réciproquement des remises, font l'un pour l'autre des encaissements et des payements, disposent l'un sur l'autre et règlent leurs comptes d'après la méthode hambourgeoise, au taux de 5 0/0.

Le 18 février 18.., Barral adresse à Gouvin 2422 fr., 50 c., sur Amiens, au 31 mars.

Le 20, Gouvin adresse à Barral 1398 fr., 65 c., sur Albi, au 30 avril.

Le 26, Gouvin adresse à Barral 3266 fr., 80 c., sur Espalion, au 15 mars ; change de place, 55 c.

Le 2 mars, Barral adresse à Gouvin 6000 fr., sur St-Pol, au 25 avril ; change de place, 45 c.

Le 5, Barral encaisse pour le compte de Gouvin 7200 fr.; commission, 1/8 0/0.

Le 8, Gouvin fournit sur Barral une traite de 5846 fr., 25 c., au 15 mai ; commission, 1/4 0/0.

Le 15, Gouvin paye à domicile à F. Haubert, pour compte de Barral, 4800 fr. ; commission, 1/5 0/0.

Le 22, Barral accepte une traite de 2000 fr., fournie sur lui par Gouvin, à l'échéance du 31 mai ; commission, 1/4 0/0.

Le 25, Gouvin recouvre, pour le compte de Barral, une somme de 3718 fr., 45 c.; commission, 1/8 0/0.

INTERROGATIONS

SUR LES MATIÈRES QUI SUIVENT :

Main courante. — Réglure de la Main courante, Destination des Lignes verticales de la Main courante, Disposition et Libellé des Articles de la Main courante, Articles passés à la Main courante.

(Voyez le volume du Cours préparatoire à la Tenue des Livres, de la page 105 à la page 114 inclusivement).

EXEMPLE D'ARTICLES A PASSER A LA MAIN COURANTE.

Texte.

Le 15 février 18.., j'achète de Perrin, au Havre, 1103^{m} de madapolam, à 50 c., payables à 90 jours.

Le 17, j'adresse à G. Lartot et Cie, à Honfleur, 122^{m} de soieries, à 3 fr., 95 c., et 91^{m} de flanelle, à 2 fr., 75 c.; le tout payable le 31 mars.

Le même jour, je reçois 12000 fr. à la caisse de G. Gouvet et Cie, au Havre.

Le 18, je vends à E. Briot et Cie, au Havre, 215m de feutre, à 8 fr., 15 c., plus 66m de drap, à 11 fr. et il me paye comptant, sous escompte de 2 0/0.

Le 20, je négocie deux effets à Ravon jeune, banquier, au Havre, savoir : 464 fr., 90 c., sur Dijon, 31 mars, no 317, et 8000 fr. sur Paris, 30 avril, no 296, et il me règle, en espèces, sous déduction des intérêts à 4 1/2 0/0 et d'un change de place de 25 c. sur l'effet de 464 fr., 90 c., payable à Dijon.

Le 21, j'achète de Louis Garnot, au Havre, 83m de poult de soie, à 3 fr., 75 c., et je le paye comptant, sous escompte de 2 1/4 0/0.

Le 22, j'adresse à Victor Hardel, à Granville, 122m de velours de soie, à 4 fr., 20 c., et 113m de velours anglais, à 2 fr., 90 c., et je porte le montant de ma facture à son compte courant, valeur du 20 mars.

Le même jour, je paye, en espèces, pour mon compte, le port des marchandises adressées à Victor Hardel, à Granville, s'élevant à 8 fr., 85 c.

Le 23, je prélève à la caisse, pour mes besoins personnels, une somme de 250 fr.

Le 24, je reçois de F. Courtois et Cie, à Louviers, 169m de drap, à 8 fr. et je leur adresse, en règlement, mon billet du montant de leur facture, au 30 avril, que j'inscris sous le no 27.

Le 26, je vends à Fourquet jeune, au Havre, 64 châles longs, à 12 fr., 80 c., et 115m de drap de Sedan, à 4 fr., 50 c., et il me donne en règlement un effet de 1000 fr., au 30 avril, sur Rouen, et son billet du surplus, à la même échéance ; j'inscris ces effets sous les nos 342 et 343.

Le 27, j'escompte à Boudard et Rabut, au Havre, les effets suivants : 624 fr., 40 c., sur Rouen, 30 avril, no 344 ; 1269 fr., sur Dieppe, 15 mai, change de place, 20 c., no 345, et 2800 fr., sur Yvetot, 31 mai, change de place, 15 c., no 346. Les intérêts sont calculés à 5 1/2 0/0.

Le 1er mars, je règle le compte de Papelin fils, au Havre, à qui je dois 1825 fr., 40 c., échéant le 30 avril, en le payant, en espèces, sous déduction des intérêts à 6 0/0.

Le 2, j'achète de Roisan, au Havre, 215^{m} de gros de Naples, à 4 fr., 10 c., et 252^{m} de damas, à 10 fr., le tout payable à 90 jours; je lui donne à valoir 1500 fr., en espèces, sous déduction des intérêts à 6 0/0.

Le 3, je vends, au comptant, à Rogeau et Cie, au Havre, 300^{m} de drap, à 14 fr., et 400^{m} de feutre, à 10 fr.; pour me régler, ils me donnent un effet de 8400 fr., sur Bordeaux, au 15 mai, que j'inscris sous le n° 347; j'en déduis les intérêts à 5 0/0 et je leur rends le surplus, en espèces.

Le 4, j'achète de Gagneur, au Havre, 2000^{m} de rouennerie, à 1 fr., 25 c., et 115^{m} de gros de Naples, à 5 fr., 15 c.; pour le régler, je lui donne l'effet n° 346 sur Yvetot, 31 mai, de 2800 fr., et je paye le surplus en espèces, sous bonification de 1 1/2 0/0.

Le 8, je vends à Frédéric Monot, au Havre, 25 cachemires, à 435 fr. et 224^{m} de drap, à 12 fr., 50 c., le tout payable le 30 avril, et il me règle en me donnant un effet de 10000 fr., sur le Havre, au 15 mai, escompté à 4 0/0, et le surplus en espèces, sous déduction des intérêts au même taux. L'effet porte le n° 348.

ENSEIGNEMENT SECONDAIRE SPÉCIAL

COMPTABILITÉ. — 3me ANNÉE.

EXERCICES

SUR LA

TENUE DES LIVRES

EXERCICES

SUR LA

TENUE DES LIVRES

AVERTISSEMENT

Les exercices sur les volumes de 1re et de 2me année ont servi à préparer à l'étude qui va être entreprise.

Il ne reste plus à ajouter à ces notions préliminaires que la connaissance approfondie des principes exposés dans les 59 premières pages du volume de 3me année, qui fait l'objet de ces exercices.

C'est ensuite seulement que pourra être abordée la question si attachante de la Tenue des Livres proprement dite.

Le meilleur procédé à employer pour comprendre les écritures d'une maison de commerce consiste à analyser une à une les opérations présentées dans la main courante, à les transformer en articles de journal, à les transporter au grand livre, à établir à la fin de chaque mois des balances de vérification et à dresser des inventaires aux époques de règlement des comptes.

Telle sera la méthode que nous allons suivre.

Mais avant de commencer ce dernier travail, il aura fallu procéder de même à l'étude de toutes les matières du Traité de Tenue des Livres. C'est le seul moyen de se mettre en état de résoudre *par analogie* les problèmes de la nouvelle main courante qui sera proposée comme exercice.

4.

INTERROGATIONS

SUR LES MATIÈRES QUI SUIVENT :

1° De la Tenue des Livres.
2° Division des Comptes en trois catégories :

Première catégorie. — Comptes du Commerçant,
Deuxième catégorie. — Comptes des Valeurs commerçables,
Troisième catégorie. — Comptes des Correspondants.

3° De la Partie simple.
4° De la Partie mixte.
5° De la Partie double.
6° Des Innovations inutiles ou dangereuses.
7° Des Livres de Commerce :

Livres prescrits par la loi,
Livres principaux,
Livres auxiliaires.

8° Principes de Tenue des Livres.
9° Destination des Comptes :

Comptes du Commerçant,
Comptes des Valeurs commerçables,
Comptes des Correspondants.

10° De l'Analyse des Opérations.
11° Disposition des Titres de Comptes dans les Articles de Journal.
12° Libellé du Journal.
13° De l'Addition du Journal.
14° Ordre des Comptes du Grand Livre.
15° Répertoire du Grand Livre.
16° Indication des Folios du Grand Livre au Journal.
17° Destination des Colonnes du Grand Livre.
18° Transport au Grand Livre.
19° Précautions du Comptable.
20° Balance de Vérification :

Manière de s'y prendre pour faire une Balance de Vérification et pour la trouver juste,
Soldes de la Balance.

21° Des Inventaires :

Inventaire des Marchandises,
Inventaire de la Comptabilité.

22° Balance d'Inventaire.

23° Bilan.

24° Fermeture et Réouverture des Comptes.

25° Liquidation.

Voyez et étudiez successivement ces matières dans le Traité de Tenue des Livres, savoir :

1°	De la page	1	à la page	2.
2°	id.	2	id.	8.
3°	id.	8	id.	9.
4°	id.	9	id.	10.
5°	id.	10	id.	11.
6°	id.	11	id.	14.
7°	id.	14	id.	18.
8°	id.	18	id.	19.
9°	id.	19	id.	24.
10°	id.	24	id.	30.
11°	id.	30	id.	32.
12°	id.	32	id.	41.
13°	id.	41	id.	42.
14°	id.	42	id.	43.
15°	id.	43	id.	44.
16°	id.	44	id.	45.
17°	id.	45	id.	47.
18°	id.	47	id.	51.
19°	id.	51	id.	52.
20°	id.	52	id.	55.
21°	id.	55	id.	56.
22°	id.	56	id.	57.
23°	id.	57	id.	58.
24°	id.	58	id.	59.
25°	id.	59	id.	60.

MAIN COURANTE
DE FERNAND BARROY, COMMERÇANT, A PARIS.

Mois de Janvier.

1 ———— 1er janvier 18.. ————		
Reçu en espèces de mon père et apporté comme fonds de roulement dans mon commerce	75000	»
2 ———— 1er id. » ————		
Reçu de Georges Barroy, à Paris, mon aïeul, à titre de prêt, à 4 %, la valeur ci-dessous : N° 201, Paris, 15 janvier	30000	»
3 ———— 1er id. » ————		
Payé en espèces à Joseph Garnot, à Paris, propriétaire, du local que j'ai loué, rue de Richelieu, n° 27, pour y établir mon commerce : 6 mois de loyer par avance	5700	»
4 ———— 2 id. » ————		
Versé en compte, à 4 ½ %, à la caisse de Delsaut et Cie, banquiers, à Paris	50000	»
5 ———— 3 id. » ————		
Acheté au comptant, pour payer à présentation de facture, de Favarel, à Paris : Un coffre-fort pour serrer mes espèces et mes valeurs	618	»
6 ———— 4 id. » ————		
Acheté de F. Tounelin et Cie, à Paris, et payé comptant : Quatre comptoirs, divers rayons, un bureau, des chaises, des fauteuils et autres objets mobiliers	6211	40
7 ———— 5 id. » ————		
Reçu de G. Sulot, entrepreneur, à Paris : Son mémoire d'agencements réglé à	2233	35
8 ———— 6 id. » ————		
Payé en espèces à Pétriaux, architecte, à Paris : Ses honoraires à 2 % pour le règlement du mémoire d'agencements de G. Sulot, dont le chiffre primitif était de 2791 fr., 70 c.	55	85
9 ———— 7 id. » ————		
Reçu de A. Quélain, régisseur d'annonces, à Paris : Son compte de frais de publicité pour l'ouverture de mes magasins	1263	90
10 ———— 8 id. » ————		
Payé à Mussel-Guyot, imprimeur, à Paris, pour affiches et circulaires annonçant l'ouverture de mes magasins	288	70

11 ——— 9 janvier 18.. ———

Acheté, au bureau de la poste et payé comptant, les timbres-poste ci-dessous :

200, à 40 c.	80, »		
300, à 25 c.	75, »		
300, à 15 c.	45, »		
1000, à 5 c.	50, »		
2000, à 1 c.	20, »	270	»

12 ——— 10 id. » ———

Payé une facture de Herbelin, à Paris, mon tailleur	168	»

13 ——— 11 id. » ———

Acheté, contre espèces, de Vigier frères, à Paris :

295^{m} de toile écrue, à 2 fr., 10 c.	619,50			
8 paquets de 4 douzaines de serviettes liteau, à 10 fr., 65 c., la douzaine	340,80	960,30		
Escompte, 2 %		19,20	941	10

14 ——— 12 id. » ———

Reçu de Ed. Sédillon, à Lisieux :

12 p. de 24 nappes, à 5 fr., 85 c., la nappe.	1684,80			
400^{m} de linge ouvré, toilette, à 1 fr., 95 c..	780, »	2464,80		
Adressé en règlement : N° 1, mon billet, 30 janvier			2464	80

15 ——— 12 id. » ———

Payé le port, à ma charge, des toiles reçues, ce jour, de Ed. Sédillon, à Lisieux	65	20

16 ——— 13 id. » ———

Reçu de Hurel et Cie, à Cholet, en compte, à 5 %, valeur du 15 mars :

42 douz. de mouchoirs, à 16 fr., 25 c	682,50		
436^{m} de toile blanche, à 2 fr., 55 c.	1111,80	1794	30

17 ——— 13 id. » ———

Payé le port, à la charge de Hurel et Cie, à Cholet, des toiles reçues desdits, ce jour	123	85

18 ——— 14 id. » ———

Vendu à Sibret aîné, à Paris, ce qui suit :

42 douz. de mouchoirs, à 20 fr., 30 c.	852,60			
400^{m} de linge ouvré, à 2 fr., 50 c.	1000, »	1852,60		
Reçu en règlement :				
N° 202, Paris, 15 février		1000, »		
N° 203, son billet, 28 id.		852,60	1852	60

19 ——— 14 id. » ———

Payé le transport, à ma charge, des marchandises vendues, ce jour, à Sibret aîné, à Paris	3	25

20 ——————— 15 janvier 18.. ———————

Encaissé la valeur ci-dessous :
N° 201, Paris, 15 janvier .... 30000 »

21 ——————— 16 id. » ———————

Adressé en compte, à 6 %, à M. Farjon, à Fontainebleau, valeur du 15 février :
436m de toile blanche, à 3 fr., 20 c 1395 20

22 ——————— 16 id. » ———————

Payé le port, à la charge de M. Farjon, à Fontainebleau, de mon envoi de ce jour 8 75

23 ——————— 17 id. » ———————

Vendu à Ant. Granger, à Paris, qui m'a payé comptant :
295m de toile écrue, à 2 fr., 65 c 781 75

24 ——————— 18 id. » ———————

Acheté de Ve Malard, à Paris, et porté à un compte spécial intitulé : DRAPS :
100m de drap d'Elbeuf noir, à 10 fr. .... 1000, »

Remis en règlement :
N° 202, Paris, 15 février .... 1000 »

25 ——————— 19 id. » ———————

Acquitté le compte de A. Quélain, à Paris, de la manière suivante :
Espèces .... 1250, »
Rabais obtenu sur les frais de 1er établissement 13,90 1263 90

26 ——————— 20 id. » ———————

Reçu de Thevenin fils, à Lyon, savoir :
140m de drap persan, à 6 fr., 50 c .... 910, »
212m de satin noir, à 6 fr., 15 c 1303,80 2213,80

Accepté en règlement :
N° 2, sa traite, 15 février 2213 80

27 ——————— 21 id. » ———————

Adressé à Blanchot frères, à Rambouillet :
212m de satin noir, à 7 fr., 75 c .... 1643, »

Fourni en règlement la traite ci-dessous, que j'ai remise en compte à Delsaut et Cie, à Paris :
N° 204, 28 février .... 1643 »

28 ——————— 22 id. » ———————

Retiré du compte de MARCHANDISES GÉNÉRALES pour les porter à un compte spécial intitulé : SOIERIES, les étoffes de soie que j'ai reçues de Thévenin fils, à Lyon, le 20 courant :
140m de drap persan, à 6 fr., 50 c .... 910, »
212m de satin noir, à 6 fr., 15 c 1303,80 2213 80

29 ——————— 22 id. » ———————

Retiré du compte de MARCHANDISES GÉNÉRALES pour la porter à un compte spécial intitulé : SOIERIES, la vente d'étoffes de soie que j'ai faite le 21 courant, à Blanchot frères, à Rambouillet :
212m de satin noir, à 7 fr., 75 c .... 1643 »

30 ——————— 23 janvier 18.. ———————		
Remis à Favarel, à Paris, pour payer sa facture du 3 courant :		
Un chèque sur Delsaut et Cie, à Paris........................	618	»
31 ——————— 24 id. » ———————		
Accepté la traite ci-dessous de Sadin père et fils, à Lyon :		
N° 3, 31 mars........................ 2000, »		
Et fourni sur eux par compensation :		
N° 205, ma traite, 31 mars........................	2000	»
32 ——————— 25 id. » ———————		
Échangé à P. Lefèvre, à Paris, la traite suivante, que j'ai tirée sur M. Farjon, à Fontainebleau :		
N° 206, 28 février........................ 1000, »		
Contre sa remise ci-dessous, que j'ai adressée à Hurel et Cie, à Cholet :		
N° 207, Cholet, 15 mars........................	1000	»
33 ——————— 25 id. » ———————		
Reçu en espèces de P. Lefèvre, à Paris, pour bonification sur l'échange mentionné dans l'article précédent........................	5	»
34 ——————— 26 id. » ———————		
Reçu en compte à 5 %, valeur du 28 février, de N. Béziat et Cie, à Lyon :		
95m de drap de Lyon, à 9 fr., 50 c........................ 902,50		
202m de taffetas, à 8 fr., 75 c........................ 1767,50	2670	»
35 ——————— 27 id. » ———————		
Vendu au comptant, pour payer à présentation de facture, à F.-D. Gosselin, à Paris :		
95m de drap de Lyon, à 11 fr., 90 c........................	1130	50
36 ——————— 28 id. » ———————		
Payé aux suivants, savoir :		
A Louis Brun, à Paris :		
Sa facture de fournitures de bureau........................ 1215,65		
A Georges Decugnières, à Paris :		
Sa facture de charbon de terre........................ 336, »	1551	65
37 ——————— 29 id. » ———————		
Donné en espèces au bureau de bienfaisance de mon arrondissement........................ 50, »		
Et prélevé pour mes besoins personnels........................ 282, »	332	»
38 ——————— 30 id. » ———————		
Acquitté :		
N° 1, mon billet, échu ce jour........................	2464	80
39 ——————— 31 id. » ———————		
Porté en dépense à la caisse les frais de fin de mois, savoir :		
Appointements de mes employés pendant le mois de janvier........................ 1800, »		
Menus frais du mois........................ 27,85	1827	85

INSTRUCTION.

1° Analysez un à un les Problèmes de la Main Courante ainsi que cela a été fait pour le mois de Janvier dans le Traité de Tenue de Livres, de la page 92 à la page 109 inclusivement.

2° Transformez les Articles de Main Courante en Articles de Journal comme il a été fait pour le mois de Janvier dans le Traité de Tenue de Livres : 1° à la page 255 ; 2° aux pages 229, 230, 231 et 232.

3° Ouvrez le Grand Livre de Fernand Barroy, commerçant, à Paris, comme s'il devait avoir 300 folios en prenant pour modèle celui qui a été établi dans le Traité de Tenue des Livres, de la page 261 à la page 297 inclusivement. On supposera que les Comptes sont foliotés d'après l'espace qu'ils occuperaient dans une comptabilité suivie, en considérant qu'ils ont été répartis selon le nombre de lignes qu'ils auront réellement, la page étant comptée pour 40 lignes et en mettant un, deux, trois et même quatre par folio du registre :

F°	1, Mobilier	1/2	page.
F°	3, Agencements	1/2	id.
F°	4, Frais de 1er Etablissement	1/2	id.
F°	5, Fonds de Commerce	1/4	id.
F°	6, Loyer payé par Avance	1/4	id.
F°	7, Loyer à Payer	1/4	id.
F°	8, Factures à Recevoir	1/4	id.
F°	10, Factures à Payer	1/4	id.
F°	12, Contributions à Payer	1/4	id.
F°	15, Caisse	1	id.
F°	16, Id.	1	id.
F°	65, Marchandises Générales	1	id.
F°	85, Draps	1	id.
F°	101, Soieries	1	id.
F°	108, Effets à Recevoir	1	id.
F°	127, Effets à Payer	1	id.
F°	133, Profits et Pertes	1	id.
F°	145, Frais Généraux	1/2	id.
F°	155, Dépenses Domestiques	1/2	id.

F° 162, Compte de Divers .... 1 page.
F° 163, Id. .... 1 id.
F° 197, Georges Barroy, à Paris .... 2/5 id.
F° 202, Delsaut et Cie, à Paris .... 3/5 id.
F° 207, Hurel et Cie, à Cholet .... 2/5 id.
F° 212, M. Farjou, à Fontainebleau .... 3/5 id.
F° 217, N. Beziat et Cie, à Lyon .... 1/2 id.
F° 390, Compte des Inventaires .... 1/2 id.
F° 400, Capital .... 1/2 id.

NOTA. — Ces deux derniers comptes sont ouverts à la fin du Grand Livre, sur le dernier folio du registre. L'ordre numérique (390 et 400) donné à leurs folios indique assez que ces deux comptes sont tenus à part et ne peuvent pas figurer dans un registre qui n'a que 300 folios.

Quant à Favarel, G. Sulot, A. Quélain et F. D. Gosselin, comme on ne fait qu'occasionnellement des affaires avec eux, on ne leur ouvrira pas de comptes spéciaux et par conséquent on les portera au Compte de Divers.

4° Commencez le Répertoire en y portant les Comptes ouverts pour le mois de Janvier, sauf à le compléter à la fin de chaque mois.

RÉPERTOIRE DE JANVIER 18..

	Agencements	3		Factures à Payer	10
				Frais Généraux	145
Paris,	Barroy (Georges)	197	*Paris,*	Favarel	162
Lyon,	N. Béziat et Cie	217	*Fontainebleau,*	M. Farjou	212
	Contribut. à Payer	12	*Paris,*	F. D. Gosselin	162
	Caisse	15	*Cholet,*	Hurel et Cie	207
	Capital	400		Inventaires (Compte des)	390
	Dépenses Domestiq.	155		Loyer payé par Avance	6
	Divers (Compte de)	162		Loyer à Payer	7
Paris,	Delsaut et Cie	202		Mobilier	1
	Draps	85		Marchandises Générales	65
	Effets à Recevoir	108		Profits et Pertes	133
	Effets à Payer	127	*Paris,*	A. Quélain	162
	Frais de 1er Etablissemt.	4	*Paris,*	G. Sulot	162
	Fonds de Commerce	5		Soieries	101
	Factures à Recevoir	8			

5° Indiquez les Folios du Grand Livre au Journal et au Livre des Inventaires du mois de Janvier.

6° Transportez au Grand Livre les Articles du Journal du mois de Janvier.

7° Dressez une Balance de Vérification au 31 Janvier 18..

SUITE DE LA MAIN COURANTE
DE FERNAND BARROY, COMMERÇANT, A PARIS.

Mois de Février.

40 ——— 1er février 18.. ———			
Adressé à L. Colignon, à Provins :			
202m de taffetas, à 12 fr.	2424, »		
Et fourni sur ledit en règlement la traite ci-dessous, que je mets en portefeuille :			
N° 208, 31 mars		2424	»
41 ——— 2 id. » ———			
Reçu en compte, à 4 1/2 %, valeur fin courant, de Léon Desbois, à Elbeuf :			
315m de drap édredon, à 9 fr.	2835, »		
324m id. moutonné, à 11 fr., 25 c.	3645, »	6480	»
42 ——— 3 id. » ———			
Adressé en compte, à 6 %, valeur du 15 courant, à S. Matas et Cie, à Epernay :			
100m, de drap d'Elbeuf, à 13 fr., 35 c.	1335, »		
221m, de drap moutonné, à 14 fr., 85 c.	3281,85	4616	85
43 ——— 4 id. » ———			
Prêté en espèces à Aduet fils, à Paris ... 6000, »			
Ajouté à cette somme :			
55 jours d'intérêts à 6 % ... 55, »	6055, »		
Reçu en règlement :			
N° 209, son billet, 31 mars		6055	»
44 ——— 5 id. » ———			
Reçu à la caisse de F. D. Gosselin, à Paris :			
Le montant de ma facture du 27 janvier		1130	50
45 ——— 6 id. » ———			
Accepté la traite ci-dessous fournie sur moi, en compte, par Léon Desbois, à Elbeuf :			
N° 4, 8 jours de vue		2000	»
46 ——— 7 id. » ———			
Vendu au comptant à Maldan jeune, à Paris :			
12 paquets de 24 nappes, à 9 fr.		2592	»
47 ——— 8 id. » ———			
Reçu comme suit de Maldan jeune, à Paris, le règlement de ma facture d'hier :			
Espèces	2574, »		
2 nappes détériorées rendues au prix de facture	18, »	2592	»

48 ———— 9 février 18.. ————			
Régularisé mon livre de caisse dont le compte d'espèces présente, depuis quelques jours, un déficit de		100	»
49 ———— 10 id. » ————			
Avis de N. Béziat et Cie, à Lyon, qu'ils ont remis en espèces pour mon compte à Frémont, de Paris, sur une lettre de crédit que j'ai délivrée à ce dernier	4800, »		
Et qu'ils ont ajouté à cette somme : Leur commission de 1/8 %	6, »	4806	»
50 ———— 11 id. » ————			
Reçu à la Caisse de Frémont, à Paris, ce qui suit : La somme portée hier à son débit	4806, »		
Ma commission de 1/8 % sur 4800 fr.	6, »	4812	»
51 ———— 12 id. » ————			
Reçu en retour de L. Colignon, à Provins : 32m de taffetas, compris dans mon envoi du premier courant, au prix de 12 fr. le mètre		384	»
52 ———— 12 id. » ————			
Payé le port à ma charge du taffetas reçu ce jour de L. Colignon, à Provins		3	35
53 ———— 12 id. » ————			
Annulé la traite ci-dessous que j'avais fournie le 1er courant, sur L. Colignon, à Provins : N° 208, 31 mars		2424	»
54 ———— 12 id. » ————			
Fourni sur L. Colignon, à Provins, la nouvelle traite ci-dessous, en remplacement du n° 208 : N° 210, 31 mars		2040	»
55 ———— 13 id. » ————			
Echangé à Reverchon, à Paris : 32m de taffetas, à 12 fr.	384, »		
Contre : 192m de mérinos, à 2 fr.		384	»
56 ———— 14 id. » ————			
Acheté de G. Piquot et Cie, à Paris, et payé comptant : 8422m de soieries fantaisie, à 3 fr., 65 c.	30740,30		
Escompte, 2 1/2 %	768,50	29971	80
57 ———— 15 id. » ————			
Reçu de Georges Barroy, à Paris, pour ajouter à sa remise du 1er janvier, et encaissé immédiatement : N° 211, Paris, 15 février		10000	»
58 ———— 15 id. » ————			
Acquitté les deux traites acceptées ci-dessous : N° 4, échu hier	2000, »		
N° 2, échu ce jour	2213,80	4213	80

59 ———— 16 février 18.. ————		
Remboursé à Vᵉ Malard, à Paris, le nº 202, sur Paris, impayé, rendu sans frais, que j'avais reçu de Sibret aîné, à Paris, le 14 janvier et que je lui avais remis le 18 du même mois	1000	»
60 ———— 17 id. » ————		
Rendu à Sibret aîné, à Paris, le nº 202, impayé, qu'il m'a remboursé	1000	»
61 ———— 18 id. » ————		
Remis en espèces à Fauchery, de St-Etienne, sur une lettre de crédit de N. Béziat et Cⁱᵉ, à Lyon	2000	»
62 ———— 18 id. » ————		
Ajouté à mon payement fait, ce jour, à Fauchery, de St-Etienne, sur une lettre de crédit de N. Béziat et Cⁱᵉ, à Lyon :		
Ma commission de 1/8 % sur 2000 fr.	2	50
63 ———— 19 id. » ————		
Acquitté une traite, à vue, de 4285 fr., 65 c., tirée sur moi, par Léon Desbois, à Elbeuf, ci	4285	65
64 ———— 20 id. » ————		
Adressé en compte à Hurel et Cⁱᵉ, à Cholet, qui m'ont demandé du papier sur Lyon, la traite ci-dessous, que j'ai tirée sur N. Béziat et Cⁱᵉ, à Lyon :		
Nº 212, 15 avril	1966	65
65 ———— 21 id. » ————		
Reçu en compte de Léon Desbois, à Elbeuf, valeur 15 mars :		
428ᵐ de drap, cuir laine, à 8 fr., 80 c.	3766	40
66 ———— 22 id. » ————		
Cédé à H. Courtois, à Paris :		
125ᵐ de drap cuir laine, à 11 fr. .... 1375, »		
Reçu en règlement :		
Un chèque sur Delsaut et Cⁱᵉ, à Paris, que je leur ai remis en compte	1375	»
67 ———— 23 id. » ————		
Vendu, contre espèces, à Armand Marivot, à Paris, par l'entremise de Joseph Vigier, courtier, à Paris :		
2411ᵐ de soieries fantaisie, à 4 fr., 55 c.	10970	05
68 ———— 23 id. » ————		
Payé en espèces, à Joseph Vigier, à Paris, son courtage de 1/4 % sur 10970 fr., 05 c., montant de la vente faite, ce jour, par son entremise à Armand Marivot	27	45
69 ———— 24 id. » ————		
Donné à Jacquet, mon garçon de magasin, à titre de gratification sur ses appointements :		
3ᵐ de drap cuir laine, à 8 fr., 80 c.	26	40
70 ———— 25 id. » ————		
Reçu à la caisse mon prélèvement mensuel	500	»

71 ———— 26 février 18.. ————		
Reçu 12000 fr. en espèces de Félix Tiphaine, notaire, à Paris, à valoir sur ma part dans la succession de Marie Nardin, mon aïeule maternelle, et versé cette somme à ma caisse commerciale, ci..	12000	»
72 ———— 27 id. » ————		
Retrouvé le billet de banque de 100 fr. que j'avais porté en déficit à ma caisse, le 9 courant, ci..........	100	»
73 ———— 28 id. » ————		
Encaissé le N° 203..........	852	60
74 ———— 28 id. » ————		
Porté en dépense à la caisse : Les appointements du mois.......... 2000, » Les menus frais id. 36,60	2036	60

INSTRUCTION.

1° Analysez un à un les Problèmes de la Main Courante ainsi que cela a été fait pour le mois de Février dans le Traité de Tenue des Livres, de la page 112 à la page 130 inclusivement.

2° Transformez les Articles de Main Courante en Articles de Journal comme il a été fait pour le mois de Février dans le Traité de Tenue des Livres, aux pages 232, 233, 234 et 235.

3° Ouvrez au Grand Livre les comptes suivants, qui n'y figurent pas encore :

F° 222, Léon Desbois, à Elbeuf....... 1/2 page.
F° 227, S. Matas & Cie, à Epernay..... 1/2 id.

Quant à Adnet fils, Maldan jeune, Frémont, L. Colignon et Sibret aîné, comme on ne fait qu'occasionnellement des affaires avec eux, on ne leur ouvrira pas de comptes spéciaux et par conséquent on les portera au Compte de Divers.

4° Ajoutez au répertoire les comptes ouverts dans le mois de février :

Elbeuf, Léon Desbois........................ 222.
Epernay, S. Matas & Cie........................ 227.

5° Indiquez les folios du Grand Livre au Journal et au Livre des Inventaires du mois de Février.

6° Transportez au Grand Livre les Articles du Journal du mois de Février.

7° Dressez une Balance de Vérification au 28 Février 18..

SUITE DE LA MAIN COURANTE
DE FERNAND BARROY, COMMERÇANT, A PARIS.

Mois de Mars.

75 — 1er mars 18.. —			
Reçu des suivants, savoir :			
De Caplain et Mulot, à Lisieux, en compte à 4 %, valeur du 15 courant :			
3085m de toile, largeur 2m,40 c., à 2 fr., 50 c.	7712,50		
De Hurel et Cie, à Cholet, valeur du 31 courant,			
515 douz. de mouchoirs de toile, carreaux bleus et jaunes, à 8 fr., 35 c. la douzaine	4300,25	12012	75
76 — 2 id. » —			
Adressé aux suivants, valeur du 15 courant, savoir :			
A M. Farjou, à Fontainebleau,			
2011m de soieries, à 4 fr., 85 c.	9753,35		
A S. Matas et Cie, à Epernay,			
1500m de soieries, à 4 fr., 85 c.	7275, »	17028	35
77 — 3 id. » —			
Acheté des suivants, pour payer à présentation de facture :			
De Joseph Royer, à Paris,			
222m de drap ondulé, à 12 fr., 20 c.	2708,40		
De Albert Martin et Cie, à Paris,			
261m de drap nouveauté, à 6 fr., 65 c.	1735,65	4444	05
78 — 4 id. » —			
Vendu à Dufour aîné, à Paris, ce qui suit, payable à présentation de facture :			
8 paquets de 4 douz. de serviettes, à 14 fr., 20 c. la douzaine	454,40		
140m de drap persan, à 8fr., 65 c.	1211, »	1665	40
79 — 5 id. » —			
Reçu de Dufour aîné, à Paris, le montant de ma facture d'hier, qu'il a réglée de la manière suivante :			
Espèces	1648,10		
Rabais sur le drap persan	17,30	1665	40
80 — 6 id. » —			
Payé en espèces mes achats du 3 courant, savoir :			
A Albert Martin et Cie, à Paris	1735,65		
A Joseph Royer, à Paris	2708,40	4444	05

81 ——— 7 mars 18.. ———

Remis en compte à Delsaut et Cie, à Paris :
Espèces .... 8000, »
No 210, Provins, 31 mars .... 2040, » | 10040 | »

82 ——— 8 id. » ———

Réglé G. Sulot, à Paris, à qui je dois 2233 fr., 35 c., de la manière suivante :
No 205, Lyon, 31 mars .... 2000, »
Espèces .... 233,35 | 2233 | 35

83 ——— 9 id. » ———

Réglé, sur leur demande, le compte courant de Hurel et Cie, à Cholet, valeur du 31 mars courant, de la manière suivante :
1o Calculé les intérêts à 5 %, savoir :

Intérêts en leur faveur.

16 jours sur 1794,30 .... 4, »
15 id. sur 1966,65 .... 4,10 — 8,10

Intérêts à leur charge.

77 jours sur 128,85 1,30
16 id. sur 1000, » .... 2,20 — 3,50

Reste en leur faveur .... | 4 | 60

2o Balancé le compte d'après les éléments qui suivent :
Addition de l'avoir 6099,15
Id. du doit 3090,50

Solde créditeur, valeur 31 mars .... | 3008 | 65

84 ——— 10 id. » ———

Remis en espèces à Fauchery, de St-Étienne, sur la lettre de crédit de N. Béziat et Cie, à Lyon, mentionnée dans l'article 61 de cette Main Courante, sous la date du 18 février .... 6000, »
Ajouté à cette somme :
Ma commission de $\frac{1}{8}$ % .... 7,50 | 6007 | 50

85 ——— 11 id. » ———

Vendu à Latard et Parizot, à Paris :
315m de drap édredon, à 12 fr .... 3780, »
192m de mérinos, à 2 fr., 65 c .... 508,80 — 4288,80

Reçu en règlement :
No 213, leur billet, 30 avril .... | 4288 | 80

86 ——— 12 id. » ———

Vendu à Noirot frères, à Paris :
1500m de soieries, à 4 fr., 55 c .... 6825, »

Reçu en règlement, savoir :
No 214, Elbeuf, 15 avril .... 2800, »
No 215, Paris, 30 id. .... 4000, » — 6800, »

Espèces pour appoint .... 25, » | 6825 | »

87 —— 13 mars 18.. ——				
Avis de N. Béziat et Cie, à Lyon, qu'ils ont payé pour mon compte à Louis Michalon, de Paris, sur une lettre de crédit que j'ai délivrée à ce dernier	8000, »			
Et qu'ils ont ajouté à leur payement :				
Leur commission de 1/10 %	8, »	8008, »		
Ajouté à cette dernière somme :				
Ma commission de ⅛ %		10, »	8018	»
88 —— 14 id. » ——				
Soldé, valeur du 31 mars, par virement, au crédit de Ph. Muriel, à Cholet, leur successeur, le compte de Hurel et Cie, à Cholet			3008	65
89 —— 15 id. » ——				
Reçu en compte des suivants, savoir :				
De M. Farjou, à Fontainebleau,				
N° 216, Paris, 15 mars		2000, »		
De S. Matas et Cie, à Epernay,				
N° 217, Lyon, 31 mars		2400, »	4400	»
90 —— 16 id. » ——				
Versé pour compte de N. Béziat et Cie, à Lyon, à la caisse des Dépôts et Comptes Courants		1688,85		
Et adressé auxdits N. Béziat et Cie :				
N° 217, Lyon, 31 mars		2400, »	4088	85
91 —— 17 id. » ——				
Payé à Chaudon, huissier, à Paris, pour frais de protêt du N° 216, impayé			7	»
92 —— 17 id. » ——				
Renvoyé à M. Farjou, à Fontainebleau, la remise ci-dessous impayée :				
N° 216, Paris, 15 mars		2000, »		
Ajouté à ce retour :				
Les frais de protêt mentionnés dans l'article précédent	7, »			
Mes ports de lettres	»,95	7,95	2007	95
93 —— 18 id. » ——				
Echangé à P. Seguy, à Paris :				
N° 213, Paris, 30 avril		4288,80		
Contre ce qui suit :				
N° 218, Lisieux, 15 avril		4122,20		
Espèces pour appoint		166,60	4288	80
94 —— 19 id. » ——				
Reçu de Louis Michalon, à Paris, à valoir sur 8018 fr. qu'il me doit, valeur du 12 courant :				
N° 219, St-Etienne, 31 mars		3000, »		
Dont il a été déduit :				
Intérêts à 6 % pendant 19 jours	9,50			
Change de place, 25 c. % sur 3000 fr	7,50	17, »	2983	»

95 — 20 mars 18.. —				
Reçu en compte, à 4 %, de R. Granger, à St-Etienne, valeur du 30 avril :				
1715m de soierie faille, à 6 fr., 95 c.		11919,25		
Adressé à valoir :				
No 219, St-Etienne, 31 mars	3000, »			
Ajouté à cette somme :				
Intérêts de 30 jours à 6 %	15, »	3015, »		
Reste à payer, valeur 30 avril		8904,25	11919	25
96 — 21 id. » —				
Escompté à Fr. Guilloux, à Paris :				
No 220, Poitiers, 15 avril	1885,15			
No 221, Sarlat, 30 id.	992,10			
No 222, Mirande, 31 mai	616,95	3494,20		
Réglé comme suit :				
Espèces		3463,30		
Intérêts à 6 %	21,75			
Change de place, 40 c. % sur 616,95	2,45			
Id., 25 c. % sur 1885,15	4,70			
Id., 20 c. % sur 992,10	2, »	30,90	3494	20
97 — 22 id. » —				
Négocié au Comptoir d'Escompte de Paris :				
No 209, Paris, 31 mars	6055, »			
No 220, Poitiers, 15 avril	1885,15			
No 221, Sarlat, 30 id.	992,10	8932,25		
Règlement de ma négociation :				
Espèces		8912,55		
Intérêts à 4 %	15,40			
Change de place, 15 c. % sur 2877,25 (1885,15 + 992,10)	4,30	19,70	8932	25
98 — 23 id. » —				
Adressé à Léon Desbois, à Elbeuf, valeur du 31 courant :				
No 214, Elbeuf, 15 avril		2800, »		
Dont il a été déduit :				
15 jours d'intérêts à 4 ½ %		5,25	2794	75
99 — 24 id. » —				
Adressé à Caplain et Mulot, à Lisieux, au pair, valeur des échéances :				
No 218, Lisieux, 15 avril	4122,20			
No 222, Mirande, 31 mai	616,95	4739,15		
Et acquitté, valeur de ce jour :				
Leur traite, à vue		600, »	5339	15
100 — 25 id. » —				
Echangé à N. Thiboust et Cie, à Paris, les marchandises dont le détail suit :				
1215m de soierie faille, à 7 fr., 50 c.		9112,50		
Contre ce qui suit :				
850m de drap façonné noir, à 10 fr., 25 c.		8712,50		
500m de percale, à 80 c.		400, »	9112	50

101 — 26 mars 18.. —				
Réglé comme suit avec Pierre Michalon, à Paris, fils de Louis Michalon, le solde débiteur de ce dernier, mort insolvable :				
Son chèque sur la Société Générale, encaissé ce jour		3500, »		
Abandon du surplus		1535, »	5035	»
102 — 27 id. » —				
Vendu à Frémont aîné, à Paris, valeur du 15 avril :				
515 douz. de mouchoirs de toile, à 10 fr.		5150, »		
Règlement :				
N° 223, Lyon, 15 avril	1500, »			
N° 224, Marseille, 15 id.	2000, »			
N° 225, Paris, 15 id.	2000, »	5500, »		
Rendu le surplus comme suit :				
Espèces	348,90			
Intérêts de 19 jours, à 6 %, retenus	1,10	350, »		
Somme égale			5150	»
103 — 28 id. » —				
Vendu aux suivants ce qui suit, payable le 10 avril :				
A Oudin-Gravois, à Paris,				
103m de drap moutonné, à 14 fr.		1442, »		
A Quévillé jeune, à Paris,				
250m de soierie faille, à 8 fr., 75 c.		2187,50	3629	50
104 — 29 id. » —				
Acheté des suivants, pour payer le 13 avril, savoir :				
De Ve Raçon, à Paris,				
211m de drap ratine, à 6 fr., 35 c.		1339,85		
De Plessis frères, à Paris,				
2217m de mousseline pour rideaux, à 65 c.		1441,05	2780	90
105 — 30 id. » —				
Acheté de J.-B. Duguet, à Paris, valeur du 30 avril :				
6167m de cotonnade, à 75 c.		4625,25		
Réglé comme suit :				
N° 215, Paris, 30 avril		4000, »		
Espèces		622, »		
Intérêts de 31 jours à 6 % sur 625,25		3,25	4625	25
106 — 31 id. » —				
Pris à la caisse pour payer ce qui suit :				
N° 3, acquitté		2000, »		
Appointements du mois	2400, »			
Menus frais id.	42,85	2442,85		
Mon prélèvement mensuel		500, »	4942	85

INSTRUCTION.

1° Analysez un à un les Problèmes de la Main Courante ainsi que cela a été fait pour le mois de Mars dans le Traité de Tenue des Livres, de la page 132 à la page 158.

2° Transformez les Articles de Main Courante en Articles de Journal comme il a été fait pour le mois de Mars dans le Traité de Tenue des Livres, aux pages 235, 236, 237, 238, 239, 240 et 241.

3° Ouvrez au Grand Livre les comptes suivants, qui n'y figurent pas encore :

F° 232,	Caplain et Mulot, à Lisieux	1/2 page.
F° 237,	Ph. Muriel, à Cholet	1/2 id.
F° 242,	R. Granger, à St-Etienne	1/2 id.

Quant à Joseph Royer, Dufour aîné, Albert Martin et Cie, Louis Michalon, Oudin-Gravois, Quévillé jeune, V° Raçon et Plessis frères, comme on ne fait qu'occasionnellement des affaires avec eux, on ne leur ouvrira pas de comptes spéciaux et par conséquent on les portera au Compte de Divers.

4° Ajoutez au Répertoire les comptes ouverts dans le mois de mars :

Lisieux,	Caplain et Mulot	232.
St-Etienne,	R. Granger	242.
Cholet,	Ph. Muriel	237.

5° Indiquez les folios du Grand Livre au Journal du mois de Mars.

6° Transportez au Grand Livre les Articles du Journal du mois de Mars.

7° Dressez une Balance de Vérification au 31 Mars 18..

Articles a passer au Journal en vue d'un Inventaire,

qui sera établi à l'époque du 31 mars.

107 ——— 31 mars 18.. ———					
Etabli comme suit le compte d'intérêts à 4 1/2 % de Delsaut et Cie, à Paris, réglé valeur de ce jour :					
Intérêts en ma faveur.					
87 jours sur 50000, ».................	543,75				
31 id. » 1643, »	6,35				
36 id. » 1375, »	6.20				
23 id. » 8000, »	23, »	579,30			
Intérêts en leur faveur.					
68 jours sur 618 fr.........................	5,25				
Ajouté à cette dernière somme :					
Commiss.,1/10 % sur 1000, » (618)	1, »				
Ch. de place, 40 c. » 1643, » ...	6,55				
Id. , 30 c. » 2040, »....	6,10	18,90			
Reste en ma faveur..........			560,40		
Etabli comme suit le compte d'intérêts à 6 % de M. Farjou, à Fontainebleau, réglé valeur de ce jour :					
Intérêts en ma faveur.					
44 jours sur 1395,20..................	10,25				
74 id. » 8,75......................	»,10				
16 id. » 9753,35.....................	26, »	36,35			
Intérêts en sa faveur.					
31 jours sur 1000 fr....................................		5,15			
Reste en ma faveur............			31,20		
Etabli comme suit le compte d'intérêts à 4 1/2 % de Léon Desbois, à Elbeuf, réglé valeur de ce jour :					
Intérêts en ma faveur.					
45 jours sur 2000, »......................	11,25				
40 id. » 4285,65......................	21,45				
Ajouté à ces intérêts :					
Ma commission de 1/8 % sur 6285 fr., 65 c....	7,85	40,55			
Intérêts en sa faveur.					
31 jours sur 6480, »......................	25,10				
16 id. » 3766,40......................	7,55	32,65			
Reste en ma faveur...........			7,90		
Etabli comme suit le compte d'intérêts à 6 % de S. Matas et Cie, à Epernay, réglé valeur de ce jour :					
Intérêts en ma faveur.					
44 jours sur 4616,85..		33,85			
16 id. » 7275, »..		19,40	53,25		
Etabli comme suit le compte d'intérêts à 4 % de R. Granger, à St-Etienne, réglé valeur de ce jour :					
Intérêts en ma faveur.					
30 jours sur 8904 fr..			29,70	682	45

108 —————— 31 mars 18.. ——————

Etabli comme suit le compte d'intérêts à 4 % de Georges Barroy, à Paris, réglé valeur de ce jour :

Intérêts en sa faveur.

75 jours sur 30000, »........................ 250, »
44 id. » 10000, »........................ 48,90 | 298,90

Etabli comme suit le compte d'intérêts à 5 % de N. Béziat et Cie, à Lyon, réglé valeur de ce jour :

Intérêts en leur faveur.

31 jours sur 2670, »................ 11,50
51 id. » 4800, »................ 34, »
19 id. » 8000, »................ 21,10

Ajouté à ces intérêts :
Leur commission de 1/8 % sur 1966 fr., 65 c........................ 2,45 | 69,05

Intérêts à leur charge.

41 jours sur 2000, »................ 11,40
21 id. » 6000, »................ 17,50
15 id. » 1688,85................ 3,50
15 id. » 1966,65................ 4,10 | 36,50

Reste en leur faveur........ 32,55

Etabli comme suit le compte d'intérêts à 4 % de Caplain et Mulot, à Lisieux, réglé valeur de ce jour :

Intérêts en leur faveur.

16 jours sur 7712,50................ 13,70
15 id. » 4122,20................ 6,85
61 id. » 616,95................ 4,15

Ajouté à ces intérêts :
Change de place, 15 c. % sur 616 fr., 95 c........................ »,95 | 25,65

Intérêts à leur charge.

7 jours sur 600 fr........................ »,45

Reste en leur faveur........ 25,20

Déprécié de la manière suivante mon mobilier commercial auquel j'attribue 10 ans de durée :
1/40 sur 6829 fr., 40 c........................ 170,75

Déprécié de la manière suivante l'agencement de mes magasins auquel j'attribue 3 ans de durée :
1/12 sur 2289 fr., 20 c........................ 190,75

Diminué de la manière suivante l'actif fictif exprimé par mon compte de Frais de 1er Etablissement que je veux amortir en 5 ans :
1/20 sur 1538 fr., 70 c........................ 76,95 | 795 | 10

109 —————— 31 id. » ——————

Porté en dépense ce qui suit :

1° Trois mois de loyer échu ce jour et payable le 15 avril prochain, suivant l'usage de la place de Paris.......... 2850, »

2° Les 3 notes ci-dessous du mois de mars des fournisseurs qui n'ont pas été payées ce jour :

Approximation de la facture de Joseph Erard, charcutier, à Paris........................ 80, »

Approximation de la facture de F. Pierson, boulanger, à Paris........................ 40, »

Reporté................ 120, » | 2850, »

Reports	120, »	2850, »		
Abonnement de 3 mois à la Compagnie du Gaz, à Paris	150, »	270, »		
3° 3/12 échus et non payés des contributions de ma maison de commerce et de ma patente		260,25	3380	25
110 — 31 mars 18.. —				
Porté à un compte spécial les petites ventes au comptant qui ne sont pas réglées au moment de l'inventaire et pour lesquelles je ne veux pas ouvrir des comptes aux acheteurs, savoir :				
A Ve Marchand, à Paris, 17m de mousseline, à 1 fr.		17, »		
A Henri Forgeot, à Paris, 16m de drap nouveauté, à 10 fr.		160, »	177	»

INSTRUCTION

POUR L'ANALYSE DES ARTICLES A PASSER AU JOURNAL EN VUE DE L'INVENTAIRE A L'ÉPOQUE DU 31 MARS.

Avant de songer à supputer les résultats d'une fin d'exercice, il faut mettre dans leur état normal tous les comptes qui ne concourent pas *directement* à déterminer les bénéfices bruts, les pertes qui peuvent résulter du compte de Profits et Pertes, les frais et les dépenses, et enfin le bénéfice net ou la perte définitive.

Ces comptes se divisent, comme il a été dit à la page 159 du Traité de Tenue des Livres, en 4 groupes : 1° ceux qui produisent des bénéfices, 2° ceux qui occasionnent des pertes, 3° ceux qui grossissent les frais, 4° et ceux qui constatent les petites ventes au comptant non encaissées au moment de l'inventaire.

Le meilleur moyen d'arriver à modifier les comptes, dont le solde n'exprime pas encore la vérité, consiste à prendre un à un et à raisonner tous les comptes de la balance, en commençant par le compte de Mobilier et en suivant l'ordre numérique des folios.

Le solde de Mobilier présentera un actif positif, lorsqu'il aura subi une réduction ou dépréciation proportionnelle à la durée attribuée au Mobilier. En supposant qu'on veuille le faire durer 10 ans, on devra le déprécier de 1/4 de 1/10, soit 1/40 pour 3 mois d'existence.

Si l'on attribue 3 ans de durée aux Agencements, on les dépréciera de 1/4 de 1/3 = 1/12.

De même, pour le compte de Frais de 1er Etablissement, si l'on veut l'amortir en 5 ans, on diminuera le solde de 1/4 de 1/5 = 1/20.

Le compte de Loyer payé par Avance ne varie pas, mais il rappelle que 3 mois de loyer échus n'ont pas été payés et doivent augmenter les frais généraux, autrement dit diminuer les bénéfices.

Viennent ensuite les comptes de Factures à Recevoir, de Factures à Payer, de Contributions à Payer qu'il faut ouvrir, s'il y a lieu de le faire.

Les comptes de Caisse, d'Effets à Recevoir, d'Effets à Payer ne varient pas, parce qu'ils expriment le montant réel des espèces en caisse, des effets actifs en portefeuille et des effets passifs en circulation.

Quant aux comptes de Marchandises Générales, de Draps, de Soieries, de Profits et Pertes, de Frais Généraux et de Dépenses Domestiques, on les réserve pour la détermination des résultats de l'inventaire, et ils ne sont modifiés jusque-là qu'autant qu'ils participent aux dépréciations, aux amortissements ou à la régularisation des bénéfices, pertes, frais ou dépenses.

Restent les comptes des correspondants, dont il faut calculer les intérêts afin de les ajouter aux soldes provisoires ou de les en retrancher, suivant le cas. C'est ainsi que devront être modifiés les comptes de Georges Barroy, de Delsaut et Cie, de M. Farjou, de N. Béziat et Cie, de Léon Desbois, de S. Matas et Cie, de Caplain et Mulot, de Ph. Muriel et de R. Granger.

Néanmoins, on est dans l'habitude de commencer les articles modificatifs par les intérêts des comptes des correspondants.

Au reste, la question de modification des soldes se trouve éclaircie dans le volume du Traité de Tenue des Livres, de la page 158 à la page 161 inclusivement.

Après avoir ainsi modifié les Additions et les Soldes par des Articles de Journal portés au Grand Livre, on devra procéder à l'établissement d'une nouvelle Balance, autrement dit d'une Balance *modifiée* à l'époque du 31 mars.

Éléments des Articles d'Inventaire.

111 — 31 mars 18.. —				
Inventaire du Commerçant.				
1° Marchandises Générales en magasin :				
3085m de toile, à 2,50	7712,50			
500m de percale, à »,80	400, »			
2200m de mousseline, à »,65	1430, »			
6167m de cotonnade, à »,75	4625,25	14167,75		
2° Draps en magasin :				
300m de drap cuir laine, à 8,80	2640, »			
222m id. ondulé, à 12,20	2708,40			
245m id. nouveauté, à 6,65	1629,25			
850m id. façonné noir, à 10,25	8712,50			
211m id. ratine, à 6,35	1339,85	17030, »		
3° Soieries en magasin :				
1000m de soieries fantaisie, à 3,65	3650, »			
250m de soierie faille, à 6,95	1737,50	5387,50		
4° Provisions non employées :				
Fournitures de bureau, évaluées à	700, »			
20 hectol. de charbon, à 5 fr., 50 c	110, »	810, »	37395	25
112 — 31 id. » —				
Réglé les comptes suivants qui expriment les bénéfices bruts :				
Compte de Marchandises Générales.				
Marchandises en magasin	14167,75			
Solde débiteur à la balance	11397,95			
Différence exprimant un bénéfice		2769,80		
Compte de Draps.				
Draps en magasin	17030, »			
Solde débiteur à la balance	14342,55			
Différence exprimant un bénéfice		2687,45		
Compte de Soieries.				
Soieries en magasin	5387,50			
Solde créditeur à la balance	5708,95			
Somme exprimant un bénéfice		11096,45		
Total du bénéfice brut			16553	70

113 — 31 mars 18.. —

Réglé les comptes suivants qui présentent les pertes, les frais et les dépenses :

Compte de Profits et Pertes.

Solde débiteur à la balance .... 1523, »

Compte de Frais Généraux.

Doit exprimant les frais portés en dépense.. 11535,60
Dont il faut déduire :
Provisions non employées .... 810, »

Reste exprimant les frais effectifs 10725,60

Compte de Dépenses Domestiques.

Solde débiteur à la balance .... 1500, »

Total des pertes, des frais et des dépenses	13748	60

114 — 31 id. » —

Réglé le Compte des Inventaires d'après les éléments ci-dessous :
Avoir formé des bénéfices bruts 16553,70
Doit formé des pertes, des frais et des dépenses........ 13748,60

Excédant des bénéfices bruts sur les pertes, les frais et les dépenses, exprimant mon bénéfice net	2805	10

INSTRUCTION.

Pour l'Analyse des Articles d'Inventaire, l'Indication des Folios du Grand Livre au Livre des Inventaires, le Transport au Grand Livre des Articles d'Inventaire et la Transformation de la Balance de Vérification en Balance d'Inventaire, il faudra se reporter aux pages 163, 164, 165, 166, 167, 168, 169, 170 et 171 du Traité de Tenue des Livres.

Afin d'éclaircir la question des articles additionnels, on fera bien de grouper d'abord à la balance d'inventaire tous les comptes dont les soldes sont devenus définitifs, de les additionner dans les colonnes des additions, des soldes provisoires et des soldes définitifs, et de réserver pour la fin les comptes qui concourent directement à déterminer le résultat du règlement de l'exercice.

Un Bilan devra être établi d'après le modèle de la page 172 du Traité de Tenue des Livres.

Eléments des Articles de Fermeture et de Réouverture des Comptes du Grand Livre.

115 —— 31 mars 18.. ——					
Etat des comptes débiteurs formant l'actif qui résulte de mon bilan établi à la date de ce jour :					
Mobilier,					
Sa valeur réduite de 1/40			6658,65		
Agencements,					
Sa valeur réduite de 1/12			2098,45		
Frais de 1er Etablissement,					
Son chiffre amorti de 1/20			1461,75		
Loyer payé par Avance,					
Un semestre			5700, »		
Factures à Recevoir,					
Ve Marchand, solde échu		17, »			
Henri Forgeot, id.		160, »	177, »		
Caisse,					
Espèces en caisse			11726,80		
Marchandises Générales,					
Etoffes diverses en magasin :					
3085m de toile,	à 2,50	7712,50			
500m de percale,	à »,80	400, »			
2200m de mousseline,	à »,65	1430, »			
6167m de cotonnade,	à »,75	6425,25	14167,75		
Draps,					
Draps en magasin :					
300m de drap cuir laine,	à 8,80	2640, »			
222m id. ondulé,	à 12,20	2708,40			
245m id. nouveauté,	à 6,65	1629,25			
850m id. façonné noir,	à 10,25	8712,50			
211m id. ratine,	à 6,35	1339,85	17030, »		
Soieries,					
Soieries en magasin :					
1000m de soieries fantaisie,	à 3,65	3650, »			
250m de soierie faille,	à 6,95	1737,50	5387,50		
Effets à Recevoir,					
Valeurs en portefeuille :					
N° 223, Lyon,	15 avril	1500, »			
N° 224, Marseille,	15 id.	2000, »			
N° 225, Paris,	15 id.	2000, »	5500, »		
Frais Généraux,					
Fournitures de bureau		700, »			
20 hectol. de charbon de terre		110, »	810, »		
Compte de Divers,					
Oudin-Gravois, à Paris,					
Solde, valeur 10 avril		1442, »			
Quévillé jeune, à Paris,					
Solde, valeur 10 avril		2187,50	3629,50		
Delsaut et Cie,					
Solde, valeur 31 mars			63000,40		
M. Farjon, à Fontainebleau,					
Solde, valeur 31 mars			10196,45		
S. Matas et Cie, à Epernay,					
Solde, valeur 31 mars			9545,10	157089	35

116 — 31 mars 18..				
Etat des comptes créditeurs formant le passif qui résulte de mon bilan établi à la date de ce jour :				
Loyer à Payer,				
Un trimestre échu		2850, »		
Factures à Payer,				
Joseph Erard, à Paris,				
Approximation de sa note échue	80, »			
F. Pierson, à Paris,				
Même cause	40, »			
Compagnie du Gaz,				
Abonnement de 3 mois échus	150, »	270, »		
Contributions à Payer,				
3/12 échus		260,25		
Compte de Divers,				
Ve Raçon, à Paris,				
Solde, valeur 13 avril	1339,85			
Plessis frères, à Paris,				
Solde, valeur 13 avril	1441,05	2780,90		
Georges Barroy,				
Solde, valeur 31 mars		40298,90		
N. Bérial et Cie, à Lyon,				
Solde, valeur 31 mars		5384,35		
Léon Desbois, à Elbeuf,				
Solde, valeur 31 mars		1158,10		
Caplain et Mulot, à Lisieux,				
Solde, valeur 31 mars		2398,55		
Ph. Muriel, à Cholet,				
Solde, valeur 31 mars		3008,65		
R. Granger, à St-Etienne,				
Solde, valeur 31 mars		8874,55		
Capital,				
Solde à nouveau		89805,10	157089	35

INSTRUCTION.

Pour les Articles de Fermeture et de Réouverture des Comptes, l'Indication des Folios du Grand Livre aux Articles de Fermeture et de Réouverture des Comptes et la Fermeture et la Réouverture des Comptes au Grand Livre, voyez le Traité de Tenue des Livres, de la page 173 à la page 175.

SUITE DE LA MAIN COURANTE

DE FERNAND BARROY, COMMERÇANT, A PARIS.

Mois d'Avril.

117 ——— 1er avril 18.. ———				
Réglé, valeur du 10 avril, les comptes de Quévillé jeune et de Ve Raçon, à Paris, de la manière suivante :				
Compte de Ve Raçon.				
Solde créditeur, valeur 13 avril........	1339,85			
Intérêts de 3 jours, à 5 %, déduits.........	»,55			
Net, valeur 10 avril.........	1339,30			
Compte de Quévillé jeune.				
Solde débiteur, valeur 10 avril.............		2187,50		
Règlement de 848 fr., 20 c. :				
Espèces..	847,15			
Intérêts de 9 jours, à 5 %, retenus...... ...	1,05	848,20		
Reste..................................		1339,30		
Reçu de ce dernier pour solde :				
Un virement à prendre chez Ve Raçon, valeur 10 avril................			1339	30
118 ——— 2 id. » ———				
Réglé de la manière qui suit le compte de Factures à Payer, dont le crédit est de..		270, »		
Compté en espèces, savoir :				
A la Cie du Gaz	150, »			
A Joseph Erard........................	73,65			
A F. Pierson	41,25	264,90		
Rectifié comme suit les notes approximatives des deux derniers :				
Exagération du chiffre de Joseph Erard..	6,35			
Insuffisance du chiffre de F. Pierson........	1,25	5,10	270	»
119 ——— 3 id. » ———				
Vendu au comptant à Pierre Tesnier, à Paris :				
3167m de cotonnade, à 1 fr.............	3167, »			
45m de drap nouveauté, à 9 fr..............	405, »	3572, »		
Règlement :				
No 226, son billet, 10 avril......................	2800, »			
Dont il a été déduit :				
7 jours d'intérêts à 6 %...........	3,25	2796,75		
Reçu dudit pour solde :				
En espèces..		775,25	3572	»

120 ——— 4 avril 18.. ———

Vendu à L. Danjoy et Cie, à Paris, valeur 31 mai :
3000m de cotonnade, à 95 c. .... 2850, »

Reçu dudit en règlement :
N° 227, Lille, 30 avril 2837,75
Ajouté à cette somme :
31 jours d'intérêts à 5 % sur 2850 fr. pour anticipation de paiement .... 12,25 — 2850 »

121 ——— 5 id. » ———

Reçu en retour de N. Béziat et Cie, à Lyon, le N° 217, sur Lyon, au 31 mars, impayé, que je tenais de S. Matas et Cie, à Epernay, et qui se trouve accompagné d'un compte de retour ainsi conçu :

Principal .... 2400, »
Protêt et enregistrement 19,40
Commission 12,10
Courtage et certificat 6,05
Intérêts de retard (6 semaines) 18,27
Timbre du présent et de la retraite 3,60
Ports de lettres 8,80

Ensemble 2468,22
Perte à la retraite, 1 ½ % .... 37,58 — 2505,80

Réparti cette somme comme suit :
Au crédit de N. Béziat et Cie .... 2487, »
½ de la perte à la retraite à mon profit .... 18,80 — 2505 80

122 ——— 6 id. » ———

Acheté de E. Renoult et Cie, à Paris, ce qui suit, valeur fin courant :
1785m de piqué anglais, à 1,25 2231,25
561m de taffetas, à 6,15 .... 3450,15 — 5681,40

Remis à valoir :
N° 224, Marseille, 15 avril ...... 2000, »
N° 225, Paris, 15 id ...... 2000, » — 4000, »

Ajouté pour anticipation de payement :
15 jours d'intérêts à 5 % .... 8,35 — 4008,35

Réglé comme suit les 1673 fr., 05 c. restants :
Espèces 1667,45
24 jours d'intérêts, à 5 % .... 5,60 — 1673,05 — 5681 40

123 ——— 7 id. » ———

Vendu à Frédéric Mienville, à Paris, ce qui suit, valeur 15 mai :
850m de drap façonné noir, à 13,65 11602,50
250m de soierie faille, à 9,25 .... 2312,50 — 13915, »

Reçu à valoir :
N° 228, Mamers, 31 mai .... 10000, »
Dont il a été déduit :
16 jours d'intérêts à 4 ½ % ...... 20, »
45 c. % pour change de place ...... 45, » — 65, » — 9935, »

Reçu les 3980 fr. restants de la manière suivante :
Espèces 3961,10
38 jours d'intérêts à 4 ½ % .... 18,90 — 3980, » — 13915 »

124 ——— 8 avril 18.. ———

Reçu en renouvellement de Pierre Tesnier, à Paris :
N° 229, son billet, 25 avril .... 2807, »

Pour régler ce qui suit :
N° 226, son billet, 10 avril, rendu .... 2800, »
Intérêts de 15 jours, à 6 %, ajoutés .... 7, » | 2807 | »

125 ——— 9 id. » ———

Vendu au comptant à Mlle Vaillant, à Paris :
3085m de toile, à 3 fr., 40 c .... 10489, »
222m de drap, à 16 fr., 25 c .... 3607,50 | 14096,50

Règlement de cette vente :
N° 230, Provins, 15 mai .... 15000, »
Dont il a été déduit :
36 jours d'intérêts à 6 % .... 90, »
40 c. % pour change de place. 60, » | 150, » | 14850, »

Rendu le surplus :
En espèces 753,50

Somme égale au montant de ma facture .... 14096 | 50

126 ——— 10 id. » ———

Reçu comme suit le montant de mes petites ventes qui figurent au compte de Factures à Recevoir :
De Ve Marchand, à Paris,
Espèces pour solde .... 17, »
De Henri Forgeot, à Paris,
Espèces .... 156, »
Rabais concédé .... 4, » | 160, » | 177 | »

127 ——— 11 id. » ———

Acheté de J.-B. Huchez, à Paris, valeur 15 mai :
3221m de cretonne, à 1,55 4992,55
667m de drap de Lyon, à 7,45 .... 4969,15 | 9961,70

Réglé comme suit :
N° 4, mon billet, 15 mai .... 9000, »
Espèces 956,25
Intérêts de 34 jours à 6 % sur 961 fr., 70 c .... 5,45 | 9961 | 70

128 ——— 12 id. » ———

Reçu de Oudin-Gravois, à Paris :
N° 231, son billet, 31 mai 1454,25

Pour régler ce qui suit :
Ma facture du 28 mars, valeur 10 courant .... 1442, »
51 jours d'intérêts, à 6 %, ajoutés .... 12,25 | 1454 | 25

129 ——— 13 id. » ———

Remis en espèces, pour solde, à Plessis frères, à Paris, le montant de leur facture du 29 mars .... 1441 | 05

130 ——— 13 id. » ———

Adressé à N. Béziat et Cie, à Lyon :
N° 223, Lyon, 15 avril .... 1500 | »

131 — 14 avril 18..

Adressé à Ph. Muriel, à Cholet, sur sa demande de papier sur Lorient, la traite ci-dessous que j'ai tirée pour compte de Delsaut et Cie, à Paris, sur Tesson jeune, à Lorient :

N° 232, 30 juin ... 4800, »

Ajouté à cette somme une commission de ¼ % qui se partage comme suit :

⅛ % au profit de Delsaut et Cie ... 6, »

⅛ % à mon profit ... 6, » | 12, » | 4812 »

132 — 15 id. »

Pris à la caisse pour payer ce qui suit :

3/12 des contributions et de la patente, portés en dépense ... 260,25

Le trimestre de loyer échu, porté en dépense ... 2850, » | 3110 25

133 — 16 id. »

Echangé au Comptoir d'Escompte, à Paris :

N° 230, Provins, 15 mai ... 15000, »

Contre la valeur ci-dessous, que j'ai adressée en compte à R. Granger, à St-Etienne :

N° 233, St-Etienne, 15 mai ... 6813,65

Et reçu comme suit dudit Comptoir d'Escompte le surplus de ma remise :

Espèces ... 8145, »

Intérêts de 29 jours à 4 % sur 8171 fr., 35 c. 26,35

Change de place, 10 c. % sur 15000 fr. ... 15, » | 41,35 | 15000 »

134 — 17 id. »

Remboursé à E. Renoult et Cie, à Paris, le N° 225, de 2000 fr., sur Paris, 15 avril, impayé, s'élevant avec frais de protêt à 2017 fr.

Et rendu les pièces à Frémont aîné, à Paris, mon cédant, qui m'a remboursé le compte de retraite ci-dessous, que j'ai établi sur sa demande :

Principal ... 2000, »

Protêt et enregistrement ... 17, »

Commission ... 10,10

Intérêts de retard (2 mois) ... 20,25

Timbre de la retraite ... 3, »

Ports de lettres ... 8,70

Ensemble ... 2059,05

Perte à la retraite, 1 ½ % ... 31,35

Total ... 2090,40

Abandonné à Frémont aîné :

½ de la perte à la retraite ... 15,70 | 2074 70

135 — 18 id. »

Adressé à C.-A. Courtois, à Pithiviers, ce qui suit, payable le 20 avril courant :

500m de soieries fantaisie, à 4 fr., 60 c. ... 2300, »

100m de drap ratine, à 8 fr., 45 c. ... 845, »

1200m de cretonne, à 2 fr., 15 c. ... 2580, » | 5725, »

Reçu dudit en règlement :

N° 234, Paris, 20 avril ... 3600, »

Un crédit à prendre chez Delsaut et Cie, à Paris, valeur du 20 courant ... 2125, » | 5725 »

136 — 19 avril 18..

Rendu, pour cause de détérioration, à E. Renoult et Cie, à Paris, qui m'ont remboursé en me retenant un escompte de 1/2 % sur leur règlement en espèces :

41ᵐ de taffetas, à 6 fr., 15 c. 252,15

Règlement :

Espèces 250,90

Escompte de 1/2 % .... 1,25 .... 252 | 15

137 — 20 id. »

Vendu à Louis Vimard, de Meaux, à 1 1/2 mois :

780ᵐ de coutil anglais, à 1 fr., 65 c. .... 1287, »

111ᵐ de drap ratine, à 8 fr., 55 c. 949,05 2236,05

Règlement de ma facture :

Espèces 234,30

3/4 % bonifiés sur 236 fr., 05 c., reçus comptant 1,75

Reste à recevoir le 5 juin .... 2000, » .... 2236 | 05

138 — 21 id. »

Cédé, contre espèces, à Fialin et Blache, à Paris, les deux valeurs qui suivent, savoir :

Au pair, la remise ci-dessous, prise dans mon portefeuille :

N° 227, Lille, 30 avril 2837,75

A 1/2 % de commission, ma traite ci-dessous, tirée sur R. Granger, à St-Etienne :

N° 235, vue 2339,50

Commission .... 11,70 .... 2351,20 .... 5188 | 95

139 — 22 id. »

Réglé comme suit mon compte avec Caplain et Mulot, à Lisieux :

Solde créditeur au 31 mars 2398,55

Ajouté à cette somme :

30 jours d'intérêts à 4 % .... 8, » 2406,55

Adressé pour solde le mandat de banque ci-dessous, fourni à mon ordre sur Doisy oncle et neveu, à Lisieux, par Georges Barroy, à Paris, qui me l'a remis en compte :

N° 236, 30 avril .... 2406 | 55

140 — 23 id. »

Accepté la traite ci-dessous de Hauton fils, à St-Denis :

N° 6, 15 mai 2685,65

Ajouté à cette somme :

1/4 %, ma commission 6,70 2692,35

Reçu en change :

N° 237, Rouen, 15 mai .... 2650, »

Espèces pour appoint .... 42,35 .... 2692 | 35

141 — 24 id. »

Renvoyé à C. A. Courtois, à Pithiviers, le N° 234, de 3600 fr., sur Paris, 20 avril, impayé, accompagné d'un compte de retour ainsi établi :

Principal .... 3600, »

Protêt et enregistrement 26,60

Reporté 3626,60

Report	3626,60			
Commission	18,13			
Courtage et certificat	9,07			
Intérêts de retard (1 1/2 mois)	27,40			
Timbre du présent et de la retraite	4,60			
Ports de lettres	4,80			
Ensemble	3690,60			
Perte à la retraite, 1 1/2 %	56,20			
Total	3746,80			
Abandonné : 1/2 du rechange	28,10	3718,70		
Fourni en règlement sur C. A. Courtois la traite ci-dessous que je remets en compte au pair, valeur du 30 courant, à Delsaut et Cie, à Paris : N° 238, Pithiviers, vue			3718	70

142 — 25 avril 18 . —

Payé à Chaudon, huissier, à Paris, les frais de protêt du N° 234 de 3600 fr., sur Paris, impayé, s'élevant à	26,60		
Payé en plus audit Chaudon et au débit de M. Farjou, à Fontainebleau, l'enregistrement de 1/2 % oublié dans les frais de protêt du N° 216, de 2000 fr. qui ont été comptés pour 7 fr. au lieu de 17 fr., le 17 mars dernier	10, »	36	60

143 — 26 id. » —

Retiré de mon portefeuille, le N° 229, billet souscrit à mon profit par Pierre Tesnier, à Paris, qui est en fuite, et porté cette somme à un compte de Débiteurs Douteux, après l'avoir passée à son débit, savoir : N° 229, échu le 25 avril	2807	»

144 — 26 id. » —

Passé la contre-partie du compte de Débiteurs Douteux mentionné dans l'article précédent à un compte de Créances Douteuses, destiné à annuler l'actif fictif que présente le premier compte	2807	»

145 — 27 id. » —

Reçu de S. Matas et Cie, à Epernay, en compte, valeur du 30 courant :

N° 239, Le Havre, 31 mai	5000, »			
N° 240, Paris, 15 juin	5000, »	10000, »		
Déduit de cette somme :				
Intérêts à 6 %	64,20			
Change de place, 15 c. % sur le Havre	7,50	71,70		
Net, valeur 30 avril			9928	30

146 — 28 id. » —

Escompté à Ph. Colignon, à Paris :

N° 241, Paris, 15 mai	12942,25		
Réglé 6942 fr., 25 c. comme suit :			
N° 237, Rouen, 15 mai	2650, »		
Espèces	4280,10		
Intérêts de 17 jours à 6 % sur 4292 fr., 25 c.	12,15		
Reste à payer le 15 mai	6000, »	12942	25

147 — 29 avril 18.. —					
Vendu à F. Neuville, à Paris, valeur 15 mai :					
300m de drap cuir laine, à 11 fr., 75 c.			3525, »		
Reçu à valoir :					
N° 242, Valence, 31 mai		2825,50			
Dont il a été déduit :					
16 jours d'intérêts à 6 %	7,55				
20 c. % pour change de place.	5,65	13,20	2812,30		
Reçu les 712 fr., 70 c. restants comme suit :					
Espèces		710,80			
Intérêts de 16 jours à 6 0/0		1,90	712,70	3525	»
148 — 30 id. » —					
Pris à la caisse pour payer ce qui suit :					
Appointements du mois		2400, »			
Menus frais		61,60			
1/12 des contributions		86,75			
Notes des fournisseurs		118,80			
Abonnement à la Compagnie du Gaz		50, »	2717,15		
Mon prélèvement mensuel			500, »	3217	15

INSTRUCTION.

1° Analysez les Problèmes de la Main Courante ainsi que cela a été fait pour le mois d'Avril dans le Traité de Tenue des Livres, de la page 175 à la page 210.

2° Transformez les Articles de Main Courante en Articles de Journal comme il a été fait pour le mois d'Avril dans le Traité de Tenue des Livres, aux pages 242, 243, 244, 245, 246, 247, 248, 249 et 250.

3° Ouvrez au Grand Livre les comptes suivants qui n'y figurent pas encore.

F° 287, Débiteurs Douteux .... 1/4 page
F° 292, Créances Douteuses .... 1/4 id.

Quant à Pierre Tesnier, Frémont aîné, Louis Vimard, C. A. Courtois et Ph. Colignon, comme on ne fait qu'occasionnellement des affaires avec eux, on ne leur ouvrira pas de comptes spéciaux et par conséquent on les portera au Compte de Divers.

4° Ajoutez au répertoire les comptes ouverts dans le mois d'avril :

Débiteurs Douteux.................................. 287
Créances Douteuses................................ 292

5° Indiquez les folios du Grand Livre au Journal du mois d'Avril.

6° Transportez au Grand Livre les Articles du Journal du mois d'Avril.

7° Dressez une Balance de Vérification au 30 Avril 18..

Articles a passer au Journal en vue d'un Inventaire.

149 ——— 30 avril 18.. ———

Etabli comme suit le compte d'intérêts à 4 ½ % de Delsaut et Cie, à Paris, réglé valeur de ce jour :

Intérêts en ma faveur.

30 jours sur 63000,40	236,25			
10 id. » 2125, »	2,65			
61 id. » 4806, »	36,65	275,55		
Dont il a été déduit :				
20 c. % sur 3718 fr., 70 c.		7,45		
Reste en ma faveur			268,10	

Etabli comme suit le compte d'intérêts à 6 % de M. Farjou, à Fontainebleau, réglé valeur de ce jour :

Intérêts en ma faveur.

30 jours sur 10196 fr., 45 c.			51, »	

Etabli comme suit le compte d'intérêts à 6 % de S. Matas et Cie, à Epernay, réglé valeur de ce jour :

Intérêts en ma faveur.

30 jours sur 12050 fr., 90 c. (9545,10 + 2505,80)			60,25	379 35

150 ——— 30 id. » ———

Etabli comme suit le compte d'intérêts à 4 % de Georges Barroy, à Paris, réglé valeur de ce jour :

Intérêts en sa faveur.

30 jours sur 40298 fr., 90 c.			134,35

Etabli comme suit le compte d'intérêts à 5 % de N. Béziat et Cie, à Lyon, réglé valeur de ce jour :

Intérêts en leur faveur.

30 jours sur 7871 fr., 35 c. (5384,35 + 2487)	32,80		
Intérêts à leur charge.			
15 jours sur 1500 fr.	3,15	29,65	

Etabli comme suit le compte d'intérêts à 4 ½ % de Léon Desbois, à Elbeuf, réglé valeur de ce jour :

Intérêts en sa faveur.

30 jours sur 1158 fr., 10 c.			4,35

Etabli comme suit le compte d'intérêts à 5 % de Ph. Muriel, à Cholet, réglé valeur de ce jour :

Intérêts en sa faveur.

30 jours sur 3008,65	12,55		
61 id. » 4812, »	40,65	53,20	

Etabli comme suit d'autre part le compte d'intérêts à 4 % de R. Granger, à St-Etienne, réglé valeur de ce jour :

Reporté	221,55

Report...	221,55		
Intérêts en sa faveur.			
30 jours sur 8874,55... 29,60			
7 id. » 2339,50... 1,80			
15 id. » 6813,65... 11,35	42,75		
Déprécié de la manière suivante mon mobilier commercial auquel j'ai attribué une durée de 10 ans, et qui a déjà été déprécié de 1/40 ou 3/120 :			
1/117 sur 6658 fr., 65 c...	56,90		
Déprécié de la manière suivante l'agencement de mes magasins auquel j'ai attribué une durée de 3 ans, et qui a déjà été déprécié de 1/12 ou 3/36 :			
1/33 sur 2098 fr., 45 c...	63,60		
Diminué de la manière suivante l'actif fictif exprimé par mon compte de Frais de 1er Etablissement que je veux amortir en 5 ans, et qui a déjà été amorti de 1/20 ou 3/60 :			
1/57 sur 1461 fr., 75 c...	25,65	410	45
151 — 30 avril 18.. —			
Porté en dépense ce qui suit :			
1 mois de loyer échu ce jour...		950	»

INSTRUCTION

POUR L'ANALYSE DES ARTICLES A PASSER AU JOURNAL EN VUE D'UN INVENTAIRE, A L'ÉPOQUE DU 30 AVRIL 18..

Avant de songer à supputer les résultats d'une fin d'exercice, il faut mettre dans leur état normal tous les comptes qui ne concourent pas *directement* à déterminer les bénéfices bruts, les pertes qui peuvent résulter du compte de Profits et Pertes, les frais et les dépenses, et enfin le bénéfice net ou la perte définitive.

Ces comptes se divisent, comme il a été dit à la page 159 du Traité de Tenue des Livres, en 4 groupes : 1° ceux qui produisent des bénéfices, 2° ceux qui occasionnent des pertes, 3° ceux qui grossissent les frais, 4° et ceux qui constatent les petites ventes au comptant non encaissées au moment de l'inventaire.

Le meilleur moyen d'arriver à modifier les comptes, dont le solde n'exprime pas encore la vérité, consiste à prendre un à un et à raisonner tous les comptes de la balance, en commençant par le compte de Mobilier et en suivant l'ordre numérique des folios.

Le solde de Mobilier présentera un actif positif, lorsqu'il aura subi une réduction ou dépréciation proportionnelle à la durée attribuée au mobilier. En supposant qu'on veuille le faire durer 10 ans, on devra le déprécier de 1/120 sur le prix primitif, c'est-à-dire, que comme il a déjà été déprécié de 1/40 = 3/120, il s'agit de le déprécier de 1/117.

Si l'on attribue 3 ans de durée aux Agencements, on les dépréciera de 1/36 sur le prix primitif, c'est-à-dire, que comme ils ont déjà été dépréciés de 1/12 = 3/36, il s'agit de les déprécier de 1/33.

De même, pour le compte de Frais de 1er Etablissement, si l'on veut l'amortir en 5 ans, on diminuera le solde de 1/60 du solde primitif, c'est-à-dire, que comme il a déjà été déprécié de 1/20 = 3/60, il s'agit de le déprécier de 1/57.

Le compte de Loyer payé par Avance ne varie pas, mais il rappelle que 1 mois de loyer échu n'a pas été payé et doit augmenter les frais généraux, autrement dit diminuer les bénéfices.

Les comptes de Caisse, d'Effets à Recevoir, d'Effets à Payer ne varient pas, parce qu'ils expriment le montant réel des espèces en caisse, des effets actifs en portefeuille et des effets passifs en circulation.

Quant aux comptes de Marchandises Générales, de Draps, de Soieries, de Profits et Pertes, de Frais Généraux et de Dépenses Domestiques, on les réserve pour la détermination des résultats de l'inventaire, et ils ne sont modifiés jusque-là qu'autant qu'ils participent aux dépréciations, aux amortissements ou à la régularisation des bénéfices, pertes, frais et dépenses.

Restent les comptes des correspondants dont il faut calculer les intérêts afin de les ajouter aux soldes provisoires ou de les en retrancher suivant le cas. C'est ainsi que devront être modifiés les comptes de Georges Barroy, de Delsant et Cie, de M. Farjou, de N. Béziat et Cie, de Léon Desbois, de S. Matas et Cie, de Caplain et Mulot, de Ph. Muriel et de R. Granger.

Néanmoins, on est dans l'habitude de commencer les articles modificatifs par les intérêts des comptes des correspondants.

Au reste, la question de modification des soldes se trouve éclaircie dans le volume du Traité de Tenue des Livres, de la page 210 à la page 211 inclusivement.

Après avoir ainsi modifié les additions et les soldes par des articles de Journal portés au Grand Livre, on devra procéder à l'établissement d'une nouvelle Balance, autrement dit d'une Balance *modifiée*, à l'époque du 30 avril 18..

Eléments des Articles d'Inventaire.

Désignation			Francs	C.
152 ——— 30 avril 18.. ———				
Inventaire du Commerçant.				
1° Marchandises Générales en magasin :				
500m de percale, à »,80	400, »			
2200m de mousseline, à »,65	1430, »			
1005m de piqué anglais, à 1,25	1256,25			
2021m de cretonne, à 1,55	3132,55	6218,80		
2° Draps en magasin :				
200m de drap nouveauté, à 6 fr., 65 c.		1330, »		
3° Soieries en magasin :				
500m de soieries fantaisie, à 3,65	1825, »			
520m de taffetas, à 6,15	3198, »			
667m de drap de Lyon, à 7,45	4969,15	9992,15	17540	95
153 ——— 30 id. » ———				
Déterminé comme suit les bénéfices bruts résultant des trois comptes ci-dessous :				
Compte de Marchandises Générales.				
Marchandises en magasin	6218,80			
Solde débiteur à la balance	1018,55			
Différence exprimant le bénéfice		5200,25		
Compte de Draps.				
Draps en magasin	1330, »			
Solde créditeur à la balance	3904,05			
Total exprimant le bénéfice		5234,05		
Compte de Soieries.				
Soieries en magasin	9992,15			
Solde débiteur à la balance	8942,15			
Différence exprimant le bénéfice		1050, »	11484	30
154 ——— 30 id. » ———				
Déterminé comme suit les pertes, les frais et les dépenses résultant des trois comptes ci-dessous :				
Compte de Profits et Pertes.				
Solde débiteur à la balance		2381,05		
Compte de Frais Généraux.				
Solde débiteur à la balance		4472,05		
Compte de Dépenses Domestiques.				
Solde débiteur à la balance		500, »	7353	10

155 ——— 30 avril 18.. ———		
Déterminé comme suit le bénéfice net résultant des deux articles qui précèdent :		
Bénéfices bruts 11484,30		
Pertes, frais et dépenses 7353,10		
Différence exprimant le bénéfice net	4131	20

INSTRUCTION.

Pour l'Analyse des Articles d'Inventaire, l'Indication des Folios du Grand Livre au Livre des Inventaires, le Transport au Grand Livre des Articles d'Inventaire et la Transformation de la Balance de Vérification en Balance d'Inventaire, il faudra se reporter aux pages 213, 214 et 215 du Traité de Tenue des Livres.

Afin d'éclaircir la question des articles additionnels, on fera bien de grouper d'abord à la balance d'inventaire tous les comptes dont les soldes sont devenus définitifs, de les additionner dans les colonnes des additions, des soldes provisoires et des soldes définitifs et de réserver pour la fin les comptes qui concourent directement à déterminer le résultat du règlement de l'exercice.

Un Bilan devra être établi d'après le modèle de la page 172 du Traité de Tenue des Livres.

ÉLÉMENTS DES ARTICLES DE FERMETURE ET DE RÉOUVERTURE DES COMPTES DU GRAND LIVRE.

156 —————— 30 avril 18.. ——————

Etat des comptes débiteurs formant l'actif qui résulte de mon bilan établi à la date de ce jour :

Mobilier,			
Sa valeur réduite de 1/30		6601,75	
Agencements,			
Sa valeur réduite de 1/9		2034,85	
Frais de 1er Etablissement,			
Son chiffre diminué de 1/15		1436,10	
Loyer payé par Avance,			
Un semestre		5700, »	
Caisse,			
Espèces en caisse		16386,05	
Marchandises Générales,			
Etoffes en magasin :			
500m de percale, à »,80	400, »		
2200m de mousseline, à »,65	1430, »		
1005m de piqué anglais, à 1,25	1256,25		
2021m de cretonne, à 1,55	3132,55	6218,80	
Draps,			
Draps en magasin :			
200m de drap nouveauté, à 6 fr., 65 c.		1330, »	
Soieries,			
Soieries en magasin :			
500m de soieries fantaisie, à 3,65	1825, »		
520m de taffetas, à 6,15	3198, »		
667m de drap de Lyon, à 7,45	4969,15	9992,15	
Effets à Recevoir,			
Valeurs en portefeuille :			
N° 228, Mamers, 31 mai	10000, »		
N° 231, Paris, 31 id	1454,25		
N° 239, Le Havre, 31 id.	5000, »		
N° 240, Paris, 15 juin	5000, »		
N° 241, Paris, 15 mai	12942,25		
N° 242, Valence, 31 id.	2825,50	37222, »	
Compte de Divers,			
Louis Vimard, à Meaux :			
Solde, valeur 5 juin.		2000, »	
Delsaut et Cie,			
Solde, valeur 30 avril		64306,20	
M. Farjou, à Fontainebleau,			
Solde, valeur 30 avril		10257,45	
S. Matas et Cie, à Epernay,			
Solde, valeur 30 avril		2182,85	
Ph. Muriel, à Cholet,			
Solde, valeur 30 avril		1750,15	
Débiteurs Douteux,			
Pierre Tesnier, à Paris :			
Solde provisoire		2807, »	170225 85

157 —— 30 avril 18.. ——			
Etat des comptes créditeurs formant le passif qui résulte de mon bilan établi à la date de ce jour :			
Loyer à Payer,			
Un mois échu		950, »	
Effets à Payer,			
Mes engagements en circulation :			
N° 5, 15 mai	9000, »		
N° 6, 15 id.	2685,65	11685,65	
Compte de Divers,			
Ph. Colignon, à Paris,			
Solde, valeur 15 mai		6000, »	
Georges Barroy,			
Solde, valeur 30 avril		42839,80	
N. Béziat et Cie, à Lyon,			
Solde, valeur 30 avril		6401, »	
Léon Desbois, à Elbeuf,			
Solde, valeur 30 avril		1162,45	
R. Granger, à St-Etienne,			
Solde, valeur 30 avril		4443,15	
Créances Douteuses,			
Pierre Tesnier, à Paris,			
Solde provisoire		2807, »	
Capital,			
Solde à nouveau		93936,30	170225 35

INSTRUCTION.

Pour les Articles de Fermeture et de Réouverture des Comptes, l'Indication des folios du Grand Livre aux Articles de Fermeture et de Réouverture des Comptes et la Fermeture et la Réouverture des Comptes au Grand Livre, voyez le Traité de Tenue des Livres, de la page 173 à la page 175.

LIQUIDATION.

158 ———— 1er mai 18.. ————

Cédé à P. Ramon, à Paris, en compte à 6 %, valeur du 30 avril, ma maison de commerce ainsi que le droit au bail, l'achalandage et une partie des valeurs actives, comme elles sont énumérées ci-dessous :

Mobilier, solde du bilan	6601,75		
Agencements, id.	2034,85		
Fonds de commerce, prix convenu	20000, »		
Loyer payé d'avance, six mois	5700, »		
Marchandises générales, solde du bilan	6218,80		
Draps, id.	1330, »		
Soieries, id.	9992,15	51877	55

159 ———— 1er id. » ————

Cédé à P. Ramon, à Paris, mon successeur, en compte à 6 %, valeur du 30 avril, sous ma garantie jusqu'au 15 juin prochain, les soldes débiteurs ci-dessous, tels qu'ils figurent à mon bilan :

Solde de Delsaut et Cie, à Paris	64306,20		
Id. de M. Farjou, à Fontainebleau	10257,45		
Id. de S. Matas et Cie, à Epernay	2182,85		
Id. de Ph. Muriel, à Cholet	1750,15	78496	65

160 ———— 1er id. » ————

Porté au crédit de P. Ramon, à Paris, valeur du 30 avril :

Un mois de loyer échu, payable à la fin du 2me trimestre	950	»

161 ———— 1er id. » ————

Cédé comme suit à P. Ramon, à Paris, valeur du 30 avril, mon portefeuille, savoir :

N° 241, Paris, 15 mai	12942,25				
N° 242, Valence, 31 id.	2825,50				
N° 228, Mamers, 31 id.	10000, »				
N° 230, Le Havre, 31 id.	5000, »				
N° 231, Paris, 31 id.	1454,25				
N° 240, Paris, 15 juin	5000, »	37222, »			
Dont il a été déduit :					
Intérêts à 6 %	170,30				
Change de place, ⅛ % sur 17825,50	22,30		192,60	37029	40

162 ———— 1er id. » ————

Porté comme suit au crédit de P. Ramon, à Paris, valeur du 30 avril, mes engagements à payer qu'il s'est chargé d'acquitter à l'échéance :

N° 5, mon billet, 15 mai	9000, »			
N° 6, mon acceptation, 15 id.	2685,65	11685,65		
Dont il a été déduit :				
15 jours d'intérêts à 6 %		29,20	11656	45

163 ——— 1er mai 18.. ———		
Passé par virement au crédit de P. Ramon, à Paris, valeur du 30 avril, les soldes créditeurs qui suivent :		
Solde de Georges Barroy, à Paris 42839,80		
Id. de N. Béziat et Cie, à Lyon .... 6401, »		
Id. de Léon Desbois, à Elbeuf 1162,45		
Id. de R. Granger, à St-Étienne 4443,15	54846	40
164 ——— 1er id. » ———		
Soldé par virement les comptes de Débiteurs Douteux et de Créances Douteuses	2807	»
165 ——— 5 id. » ———		
Reçu comme suit de Louis Vimard, à Paris, le règlement des 2000 fr. échéant le 5 juin prochain :		
Espèces 1989,65		
31 jours d'intérêts, à 6 %, sur 2000 fr., retenus 10,35	2000	»
166 ——— 8 id. » ———		
Réglé comme suit le solde créditeur de 6000 fr., valeur 15 mai, de Ph. Colignon, à Paris :		
Espèces .... 5993, »		
Intérêts de 7 jours, à 6 %, retenus .... 7, »	6000	»
167 ——— 14 id. » ———		
Ajouté au débit de P. Ramon, à Paris, afin de régler son compte, valeur du 15 mai courant :		
15 jours d'intérêts, à 6 %, sur 99950 fr., 75 c., excédant de son débit sur son crédit	249	90
168 ——— 15 id. » ———		
Reçu en espèces de P. Ramon, à Paris :		
Le solde débiteur de son compte	100200	65
169 ——— 15 id. » ———		
Soldé mon compte de Liquidation par virement au compte de Capital, d'après les éléments qui suivent :		
Addition de l'avoir .... 18850, »		
Id. du doit 202,95		
Excédant de l'avoir sur le doit	18647	05
170 ——— 15 id. » ———		
Retiré de ma caisse commerciale et versé dans ma caisse privée le solde en espèces	112583	35

INSTRUCTION.

Pour les Articles de la Liquidation, voyez le Traité de Tenue des Livres, de la page 216 à la page 228 inclusivement, et vous pourrez constater qu'après avoir transporté les Articles de la Liquidation au Grand Livre, tous les Comptes devront se trouver soldés et être arrêtés.

FIN.

Havre. — Imprimerie A. LEMALE Aîné, rue de Bapaume, 3. — 2.441.

www.ingramcontent.com/pod-product-compliance
Lightning Source LLC
LaVergne TN
LVHW020026170826
845678LV00001B/141

* 9 7 8 2 3 2 9 7 5 6 2 6 4 *